PDCAを回して結果を出す！

Meta広告集客・運用マニュアル

P Plan
D Do
C Check
A Action

西村 純志
Nishimura Atsushi

つた書房

　私たちが生活する現代社会では、インターネットを通じた情報のやり取りが日常の一部となり、企業や個人事業主にとってもデジタルマーケティングの重要性がますます高まっています。特に、Meta広告（旧Facebook広告）は、その高いターゲティング精度と広範なユーザーベースにより、効果的なマーケティングツールとして注目されてきました。本書『PDCAを回して結果を出す！　Meta広告集客・運用マニュアル』は、Meta広告を活用してビジネスの集客力を向上させ、具体的な成果を出すための実践的なガイドとしてお声がけを頂き、執筆しました。少しでも自分の経験が皆さんの役に立てればと思います。

　本書の構成は、初心者から中級者まで幅広い読者に対応するよう設計しました。まず、Meta広告の基礎知識からスタートし、ターゲティングの方法、広告クリエイティブの作成、目標設定、予算管理、パフォーマンス測定、運用改善といった重要なトピックを順を追って解説します。これにより、この本を読んでくださっている読者の方が、体系的に学びながら、この本1冊読めば実践的なスキルを身につけることができるようになると思います。

　Meta広告の最大の魅力は、その高いターゲティング精度にあります。FacebookやInstagramの膨大なユーザーデータを活用することで、年齢、性別、地域、興味・関心、行動履歴など、細かな条件でターゲット設定が可能です。これにより、広告がより適切なユーザーに届き、効果的なマーケティング活動を実現できます。

　さらに、Meta広告はさまざまな広告フォーマットを提供しており、画像広告、動画広告、カルーセル広告、ストーリーズ広告など、多様なクリエイティブを駆使してユーザーの関心を引き付けることができます。本書では、それぞれのフォーマットの特徴と効果的な使い方についても詳しく解説しています。

　本書のもう一つの特徴は、PDCAサイクルを活用した広告運用の手法

を取り入れている点です。PDCAサイクルとは、Plan（計画）、Do（実行）、Check（評価）、Action（改善）の4つのステップからなる改善プロセスです。このサイクルを回し続けることで、広告キャンペーンの効果を最大化し、常に最適な状態を保つことができます。

　例えば、まずは広告キャンペーンの目標を明確に設定し（Plan）、その目標に向けた広告を実行します（Do）。次に、実行した広告のパフォーマンスを詳細に分析し（Check）、得られたデータを基に改善策を講じます（Action）。このプロセスを繰り返すことで、広告の精度を高め、効率的な運用が可能になります。

　本書では、実際の広告運用の事例や具体的な手法にも触れています。特に、中小企業や個人事業主が限られた予算で最大の効果を得るための工夫や戦略について詳しく解説しています。例えば、低予算で始める広告キャンペーンの立ち上げ方や、広告クリエイティブの効果を測定するためのA/Bテストの方法など、すぐに実践できるテクニックが満載です。

　また、広告運用においてよくある課題に対する対処法も取り上げています。例えば、広告のパフォーマンスが思わしくない場合の改善策など、実務に役立つ知識を提供します。

　Meta広告は、正しく運用すれば非常に強力なマーケティングツールです。しかし、その効果を最大限に引き出すためには、継続的な学習と実践が必要です。本書『PDCAを回して結果を出す！Meta広告集客・運用マニュアル』は、私の今まで経験し、実践を繰り返してきたMeta広告の基本から応用までを網羅し、実践的なスキルを身につけて頂けるようにと想いを込めた一冊です。

　この本が、あなたの広告運用の成功に少しでも寄与できれば幸いです。

CONTENTS

CHAPTER-**3** Meta広告出稿のための
アカウントを作成しよう

事前にやっておくべき
Meta広告の設定

CHAPTER-4

Meta広告を運用するための
目標設定

CHAPTER-5

Meta広告に出稿する広告の制作と編集

CONTENTS

Meta広告に出向した広告の測定と改善

より効果を出すためのMeta広告の運用方法

本書をお読みいただく上での注意点

●本書に記載した会社名、製品名などは各社の商号、商標、または登録商標です。

●本書で紹介しているアプリケーション、サービスの内容、価格表記については、2024年4月22日時点での内容になります。

●これらの情報については、予告なく変更される可能性がありますので、あらかじめご了承ください。

あなたのビジネスに役立つ
4つの書籍購入特典をプレゼント

特典1：**Meta広告での個人アカウントの取り扱いに関する解説動画**（解説動画）

広告を中長期回す上での個人アカウントの取り扱いについて解説しています。

特典2：**Meta広告BAN対策まとめ動画**（解説動画）

Meta広告を運用する上で最も重要な知識になってくる、アカウント停止などの規約違反系。いかに対策をすれば良いのか？ を解説した動画になっています。

特典3：**Meta広告リストリターゲティングの設定方法**
（解説動画）

Meta広告で最も試したい広告ターゲット属性。細かい管理画面でのリストアップ方法から管理画面の設定まで詳しく解説している動画です。

特典4：**Meta広告の利用規約チェックシート**（チェックシート）

Meta広告を出稿するためには審査をクリアしないと出稿できません。出稿前に、LPや広告で使う画像や動画が審査をクリアできるのか？ こちらのシートでチェックして見て下さい。

プレゼントは右のQRコードを読み取って下さい。

※直接ブラウザに入力する場合は、下記のURLをご入力下さい。

https://s.lmes.jp/landing-qr/2000769249-5p8EaNxe?uLand=TEDRNY

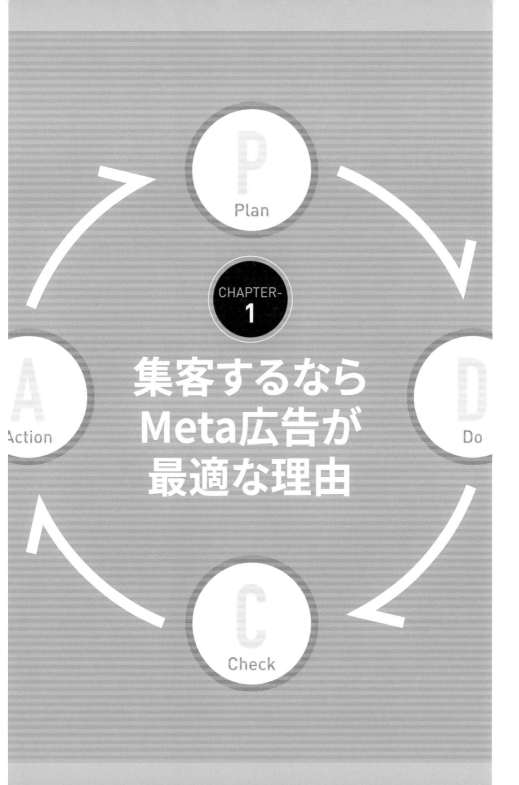

CHAPTER-
1

集客するなら
Meta広告が
最適な理由

Plan

Do

Check

Action

初心者が最も成果を 出しやすい媒体

SECTION 01

Meta広告はAIのターゲティング精度が優れているため、 初期構築さえ正しく行えれば結果が出やすく、広告初心 者でも取り組みやすいという特徴があります。

ターゲティング精度が優れている

　広告で成果を出すには、適切なターゲティングを行うことが何より 大切です。ターゲティングとは、自分の商材を購入してほしいユーザ ーをイメージし、ユーザーに反応してもらいやすいように広告設定を 行うことを指します。例えば、30代〜50代、男性経営者、日本全域、 個人事業主、中小企業の経営者に広告を出稿するといった細かい設定 を行うことで、広告に最も関心を持ちそうなユーザーだけを狙って効 果的に配信できるようになるのです。

　Meta広告は、毎月約39億8,000万人の人がアクセスしており、膨大 なユーザーデータを基に、年齢、性別、居住地、興味・関心、購買行 動など、多岐に渡るユーザー属性に基づいてターゲティングできるの が強みです。

　Meta広告のターゲティング精度が優れているのは、Meta広告に用い られているAIのアルゴリズムが大きく関係します。アルゴリズムとは、 コンピューターにおいて何らかの計算を行う場合のやり方や手順を示 す言葉です。コンピューターはいくつもの簡単な選択肢を折り重ねる ことにより、複雑なプログラムを構成していますが、この選択肢に該 当するのがアルゴリズムです。MetaのAIのアルゴリズムは、ユーザー の過去の行動、好みに基づいて、広告を表示する最適なターゲットを 予測して最適解を提示してくれます。

広告を出稿する側の戦略の意図を汲み取って、ユーザーの広告に対する反応を考慮しながら自動的に最適化してくれるので、より高いターゲティング精度に繋がり、結果を出すことができるのです。

また、Meta広告はFacebookだけでなく、Meta社が運営しているInstagram、AudienceNetwork、Messengerなど複数のプラットフォーム（広告を出稿する配信場所）に同時出稿することも可能です。各プラットフォームの特性を活かした広告配信ができるため、ユーザーにより一貫性のあるメッセージを届けられ、反応の良い広告を生み出すことができます。

デジタルマーケティングの世界では、正確なターゲティングがキャンペーンの成功を大きく左右するため、Meta広告のような先進的な広告ターゲティングシステムは非常に価値が高いのです。

細かくターゲティングができるMeta広告

Facebook広告のアカウント構造

様々な項目でターゲティングの設定が可能

配信地域	年齢／性別	詳細ターゲット	カスタムオーディエンス
		・利用者層 ・興味関心 ・行動	・リターゲティング ・類似ユーザーなど

実名登録制のルールを持っているSNS

実名登録制は、広告を配信する側にとって多くのメリットがあります。なぜなら、このルールにより、広告の信頼性が高まり、ユーザーのエンゲージメントを向上させるとともに、広告主に対しても精度の高いターゲティングが可能になるからです。

エンゲージメントとは、自社のブランドなどがターゲットとなるユーザーやクライアントと、どのくらい結びついているかを示す指標で

す。

　Meta広告がエンゲージメントの向上に効果的な理由を整理すると、
次のようになります。

■ 実名登録制だから、広告に対するユーザーの信頼性が高くなる

　実名登録制なので、ユーザーは自分の言動に責任を持つようになり、
結果として健全なSNSになり、ユーザーが広告の意味をより真剣に受
け止めるきっかけとなります。

■ ムダな広告配信にならない

　さらに、広告の誤解や誤認を減少させるという面でも効果的です。
高いターゲティング設定により正確な情報に基づいて広告を出すこと
ができるので、ユーザーからの高い反応を得やすくなるということで
す。

■ 不正アカウントやスパム行為の抑制にも効果的

　実名での登録が義務付けられていると、不正アカウントやスパム行
為をはじめとする不正行為が起こりにくくなり、広告主は安心して広
告キャンペーンを提供・運用することができ、ユーザーも良い広告を
目にする機会が多くなります。

■ 顧客との信頼関係が強化しやすい

　ユーザーが実名で活動しているプラットフォーム上では、ブランド
もまた、より透明性を持った情報発信が求められます。利用規約に準
じた広告配信を行うことが義務付けられており、利用規約に準じなけ
れば、広告を停止されることもあります。この透明性が、ブランドと
ユーザー間の信頼関係を強化し、長期的な顧客関係の構築につながり
ます。

他のSNSより潜在顧客の母数が多い

世界で毎月約39億8,000万人の人がアクセスしている
Meta。多くの世界中の方が毎日利用しているSNS媒体だ
から、多くリストが獲得できます。

プラットフォームのアクティブユーザー数は圧倒的

　Meta社の2023年最新の発表によると、全世界における月間アクティブユーザー数は39億8,000万人おり、デイリーアクティブユーザー数は、31億9,000万人にものぼります。（2023年12月発表）国内でのアクティブユーザー数はFacebookが2600万人、Instagramが6600万人と発表されています（2022年12月発表）。

Meta2023年第4四半期業績ハイライト

出典：Meta 2023年第4四半期（10月−12月）業績ハイライト
https://about.fb.com/ja/news/2024/02/2023_fourth_quarter_result/

　また、総務省の発表しているデータを見ると、Facebookは30代〜

40代の利用率が最も多く、Instagramは10代〜30代の利用率が最も多いという数値も発表されています。

このアクティブユーザー数の多さは、Metaの広告を運用する上で、ターゲティングの精度、リーチの拡大、ブランド認知度の向上、パフォーマンス測定の容易さ、そしてコスト効率の良さなど、多岐にわたるメリットを広告運用者に提供してくれます。

それだけでなく、効率的な集客を行う上でもメリットがあります。例えば、総務省が発表しているデータを見てみても、ユーザーの利用率はFacebookとInstagramで微妙に違いはあるものの、幅広い年代の方が利用しているのが分かります。これを集客の観点で考えていくと、自分の売りたい商品と相性のいい媒体について、それぞれの媒体のユーザー特性から考えていくこともできます。

例えば、FacebookはSNSの先駆け的な存在でもあるため、昔から登録している方が多い媒体です。昔からのコアなファンが利用者に多いですから、自分が30〜50代の経営者のリストが欲しい場合は、Facebookに広告を出すと効果的だと推測できます。

Instagramも同様に、30〜50代でお洒落に敏感な女性のリストが欲しいなら、Facebookではなく画像と動画で魅せるSNSであるInstagramのほうが相性がいいといえます。

このように、Meta広告はアクティブユーザー数の数で考えていくと膨大なユーザーにアプローチができますから、リスト集めや集客、物販を行う上で必要なマーケティングができるようになります。

国内におけるSNSの利用率

主なソーシャルメディア系サービス／アプリ等の利用率（年代別）

・LINEやYouTubeは年代を問わず高い利用率。
・Facebookは「30〜40代」の利用率が比較的高い一方、X、Instagram、TikTokは「10〜20代」の利用率が高い。

	全年代 (N=1,500)	10代 (N=140)	20代 (N=217)	30代 (N=245)	40代 (N=319)	50代 (N=307)	60代 (N=272)
LINE	94.0%	93.6%	98.6%	98.0%	95.0%	93.8%	86.0%
X	45.3%	54.3%	78.8%	55.5%	44.5%	31.6%	21.0%
Facebook	29.9%	11.4%	27.6%	46.5%	38.2%	26.7%	20.2%
Instagram	50.1%	70.0%	73.3%	63.7%	48.6%	40.7%	21.3%
mixi	2.0%	2.9%	1.8%	4.1%	1.6%	1.6%	0.7%
GREE	1.4%	2.9%	2.8%	2.4%	0.3%	1.0%	0.4%
Mobage	2.1%	6.4%	2.8%	4.1%	1.3%	1.0%	0.0%
Snapchat	1.7%	4.3%	3.7%	2.9%	0.9%	0.7%	0.0%
TikTok	28.4%	66.4%	47.9%	27.3%	21.3%	20.2%	11.8%
YouTube	87.1%	96.4%	98.2%	94.7%	89.0%	85.3%	66.2%
ニコニコ動画	14.9%	27.9%	28.1%	17.1%	9.1%	10.4%	7.7%

出典：令和4年度情報通信メディアの利用時間と情報行動に関する調査報告書（総務省）

参考「デジタル空間における情報流通に関する現状」（総務省）
chrome-extension://efaidnbmnnnibpcajpcglclefindmkaj/https://www.soumu.go.jp/main_content/000919817.pdf.

Google検索広告との違いは？

　Meta広告のほかに有名な広告として、Google検索広告があります。では、この2つの広告にはどのような違いがあるのでしょうか。デジタルマーケティングの世界において二大巨頭とも言える広告媒体ですが、それぞれが提供する広告サービスの性質や利用方法には大きな違いがあります。この違いを理解することは、自社の商品の購入に繋げるにはどちらの広告が最適かを見極めることに繋がります。自社の商品と相性が悪い広告を選んでしまうと、広告費用がもったいないことになってしまうので、自社の販売目的に合ったマーケティング戦略を立てることが非常に重要です。まずは明確な違いを説明していきます。

■ Meta広告とは

　Meta広告は（Facebook、Instagramなどのソーシャルメディアプラットフォームを含む）ユーザーの興味や行動、人口統計情報に基づいて広告を配信します。これらの広告は、ユーザーが友達の投稿をスク

ロールしている間やストーリーズを見ている時など、SNS使用中に表示されます。見ているユーザーの興味を引くような画像や動画でアプローチをかける、ディスプレイ広告の一種です。

　ディスプレイ広告の最大のメリットは、画像と動画を使って、SNSを使っているユーザーに瞬間的にアプローチができることです。

ディスプレイ広告の例

ターゲットユーザーの
心に刺さる画像でアプ
ローチが可能

　例えば息抜きの時間にリール動画を見ている人に対し、悩んでいることに響く画像や動画の広告を見せることで興味を駆り立てることができます。

■ Google検索広告とは

　Google検索広告はGoogleが提供している検索エンジンを利用した、テキストベースで表示される広告です。ユーザーがGoogleで何かを検索する時、その検索結果の上部または下部に表示される「スポンサー」と表記のある広告がこれにあたります。

これらの広告は、ユーザーが検索したキーワードに基づいて表示されるため、検索したユーザーが既にその商品やサービスに関心を持っている可能性が高いという特徴があります。

Google検索広告の例

検索候補の一番最初に表示される広告

　この検索広告の最大のメリットは、意図を持った検索、つまり具体的な製品や情報を探しているユーザーに直接アプローチできる点にあります。つまり、広告を見るユーザーはその商品やサービスを実際に必要としているか、または興味を持っている場合が多いのです。ですから、クリック率（広告をクリックしてくれる割合）や、コンバージョン率（訪問者が望ましいアクションを起こす割合）が高くなりやすいと考えられています。

　他にも、ターゲティング機能の違いもあります。Meta広告はより詳細なユーザープロファイルに基づいたターゲティングが可能ですが、Google検索広告は検索キーワードに焦点を当てたターゲティングを行います。これにより、Meta広告は特定の生活スタイルや興味を持つユーザーに広告を表示させることができ、Google検索広告はその瞬間に特定の情報や製品を求めているユーザーに広告を表示させることができます。

ここまでの違いを考えていくと、Meta広告とGoogle検索広告の違いは明確です。このことは、下にあるマーケティングファネルという、顧客がサービスを認知してから購入に至るまでのプロセスを図式化したものに当てはめるとよりわかりやすいです。

　Meta広告が最も得意としているターゲット層は、潜在層と呼ばれている、今すぐ購入しようと思っておらず、潜在的に商品のことが気になっている層です。

マーケティングファネルの見本

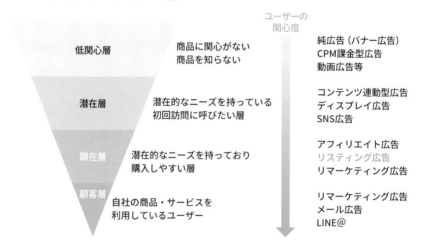

一方でGoogle検索広告が最も得意としているターゲット層は、顕在層と呼ばれている、今購入を検討していて、商品のことがすでに気になっている層です。

　これらの特徴を踏まえて、Google検索広告とMeta広告をお互いに補完するような使い方をすることもできます。例えば、新しい製品を市場に投入する際には、Meta広告を使用して幅広いユーザーに対しての関心を引き、ブランド認知度を高めることができます。その後、ユー

ザーの中でブランドや商品が少しでも気になると、ユーザーの方が
Googleで検索をしてくれますので、Google検索広告に出稿しておく
ことにより、Google検索広告で直接アプローチすることが可能です。
そうすることにより、Meta広告で興味を引いたユーザーに対して即時
のアクションを促すことが可能です。

　このような組み合わせは、違う属性のユーザーに幅広く効率的にア
プローチが出来るので、すごく効果的な手法だと考えられます。
　ただし、成功するためには各プラットフォームの最新の機能や最適
な使用方法を常に把握し続ける必要があります。Web広告媒体は驚く
べきスピードで進化し、管理画面や利用規約が2〜3ヵ月の間にガラッ
と変わったり、管理画面で利用していた名前が急に変わったりするこ
とは日常茶飯事です。ですから日頃からそれぞれの媒体の特徴や最新
の機能を把握しておき、集客の計画を立てる際に、どういった戦略で
どのような広告を使うのかを見極められるようになっておくことが大
切になります。

多種多様な商材に対応可能な媒体

SECTION
03

1

Meta広告はBtoB、toC、オンライン講座、実店舗集客、EC販売など多岐に渡り対応が可能です。

幅広い業種商材で出稿することができる

　Meta広告の特性を最大限生かすことが出来ると、BtoCに向けたオンライン講座やBtoB商材、実店舗への集客、物販など、様々な業種商材に合わせた広告を出稿できるようになります。

BtoB（Business to Business）の場合

　BtoB企業がMeta広告を利用するなら、企業の意思決定者に広告を表示し、アクションしてもらうことができます。Meta広告は、広告を表示させたいユーザーへのカスタマイズ設定が豊富なので、様々な業界、職種、企業規模などに基づいて特定の企業担当者や部署をターゲットにすることが可能です。例えば、Meta広告の広告機能の一つで、リード獲得広告という広告を通じて、潜在顧客の連絡先情報を直接収集することもできます。

　ちなみにリード獲得広告とは、LPやHPなどのサイトを用意せずに出稿できる広告のことで、Meta広告の管理画面上でアンケートなどを作成し、それを出稿したりします。画像や動画をクリックすると、アンケートフォームが画面上に立ち上がり、名前や部署、メールアドレスなどを直接入力して登録させることができるので、誰でも気軽に利用できます。

リード獲得広告の作成画面と見本

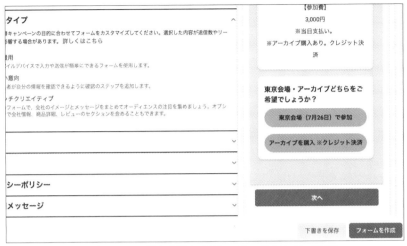

セミナーの日程を選択したり、導入時期を直接ヒアリングすることが可能

BtoC（Business to Consumer）の場合

　BtoC企業にとって、Meta広告は企業などではなく一般の消費ニーズの高いユーザーに直接アプローチ出来るので、ブランド認知度の向上、製品やサービスのイベントの集客、オンラインでの購入促進など、様々な目的に利用できます。豊富な広告画像や動画のフォーマットが利用出来るため、視覚的に魅力的な動画を展開してアプローチし、消費者の関心を引き付けるのに効果的です。

　またMeta広告はFacebook・Instagramといった複数のプラットフォームに同時出稿することが出来るので、FacebookとInstagramのユーザー層に同時にアプローチしていき、例えば数値のよかったFacebookだけに配信を統一し、本当に効果の高い一般ユーザーにアプローチするといったことも行えます。

オンライン講座の場合

　オンライン教育を提供しているコーチ・コンサルといった先生業の
ビジネスを運営している場合、Meta広告を使って、興味を持ちそうな
特定のユーザーに広告を見せ自身の商品や教材の販売をしたり認知度
の向上を狙ったりできます。

　興味・趣味・職業・教育レベルなどに基づいて精密なターゲティン
グが可能なので、商材に興味、関心があるユーザーを効率的に引き寄
せられるのです。

　ただし、オンライン教育を提供するための広告の場合は広告とは別
にHPやLPが必要です。広告からの誘導先であるHPやLPでは、自分の
ことを知らない人に自分のことを知ってもらい、ユーザーの悩みに対
して自身の商材を知ってもらうことで、理想的な未来を手に入れても
らうことが出来る、ということを伝える必要があります。

実店舗集客の場合

　実店舗を持つ経営者なら、店舗周辺のユーザーをターゲットにした
広告の配信を通じて、店舗への来店を促進することができます。地理
的な広告のターゲティング設定を利用して、特定の地域や近隣に住む
ユーザーに広告を表示させることが出来るため、プロモーションやイ
ベントの告知を行うことも可能です。

　地域設定を行うことが基本なので、自身の地域の特性をしっかりと
広告の設定に反映させていくことが重要です。例えば、駅と駅がすご
く離れているような地方で集客をしたい場合、生活しているユーザー
の交通手段を考えます。車が移動手段の主流になっている地域なら、
店舗から半径何Kmで設定すべきなのか。あるいは電車が交通手段の
主流ならどうかというふうに、来店して欲しいユーザーに的確に反応
してもらいやすくなる設定を作成するのです。

あとは、駐車場を複数台持っていることを伝えたり、近くの駅から徒歩何分なのかを伝えたりすることも有効です。他にも、女性専用であることや、24時間365日予約可能であるなど、店舗の特徴をしっかり盛り込んでいくことで実店舗への集客に繋げることができます。

EC販売の場合

Eコマースビジネスの場合は、Meta広告を通じて、オンラインショップへのアクセスを増やし、売上を促進することができます。ショッピング広告やダイナミック広告を使用して、ユーザーの興味や過去の行動に基づいてユーザーの興味のある商品を的確に広告で表示し、購買意欲を刺激していきます。

物販でも様々な商品を販売することができるため、自社の商品がInstagramなどの媒体で他社がどうやって広告を出しているのか？などの競合調査を行いながらPDCAを回し、広告を最適化することが可能です。

ただ物販の場合、利用規約や薬機法、景表法などの規約に準じた販売を行うことが非常に重要です。

Meta広告の規約で禁止されていることを知らずに販売してしまうと、永久にMeta広告で広告を利用することができなくなってしまうこともあります。特に、薬機法に違反してしまうような商品の場合、最悪摘発されてしまうこともあるため、自分の商品がMeta広告で販売できる商品なのかどうかは、事前にチェックしておきましょう。

商品の種類によって広告の制限の内容が異なる

	広告	コマース
アルコール	制限付きで許可される	許可されない
ギャンブル	制限付きで許可される	許可されない
動物、動物関連商品	制限付きで許可される	許可されない
医療・ヘルスケア製品	制限付きで許可される	許可されない
サブスクリプション	制限付きで許可される	制限付きで許可される

Metaビジネスヘルプセンター
出典：カタログの商品へのFacebookの広告ポリシーとコマースポリシーの適用
https://www.facebook.com/business/help/4718253321552152

　ここまでのことから、多種多様な商材・業種の方の商品が、Meta広告の柔軟性と豊富なターゲット設定、画像や動画の種類の多彩さで多くのビジネスが自社の目標に合わせた広告を設計、実行することが可能なことが理解できたと思います。それぞれの業界や商材の特有のニーズを理解し、それに応じて最適化された戦略を実践することで、広告効果を最大化することができます。

　ただし、全ての商品に繋がることですが、利用規約は公式サイトの規約をしっかりと確認しましょう。規約を覚える必要は全くなく、自身の商品と関わりのある項目に目を通しておくだけで構いません。このチェックを怠ってしまうと、Meta広告の広告審査でNG判定をつけられるだけでなく、規約に反していると該当されてしまうと、アカウントが永久的に停止されることに繋がってしまい、本当に広告が出稿できなくなってしまいます。

　そうならないためにも、必ず規約を確認しルールを理解した上で運用するように心がけましょう。

少額で気軽に始め
集客・売上アップ

Meta広告は日予算500円からスタートが可能な媒体です。少額予算でも取り組めるので、誰でも気軽にスタートできます。

日予算500円でもスタートすることができる

広告を出稿するというと、多額の予算を用意しないといけないと思われがちですが、Meta広告は1日あたり500円の予算から始めることができます。

少額予算からスタートさせるのは、費用対効果を最大化し、マーケティング戦略の成果を段階的に高めていきたいという狙いが背景にあります。ですから、少額予算をずっと続けていくわけではありません。的確なPDCAの回し方を身につけ、予算を段階的に上げていくことが理想です。

なぜ少額予算からスタートするのか？

初めて広告を出す場合や、新しい広告キャンペーンをテストする場合、いきなり大きな予算を投じることはリスクでしかありません。特に、LPやHPといったサイト、LINEやメールを通じたステップ配信、個別相談率など、マーケティングに関わるさまざまな数値が悪い状態では、高額な予算を使っても効果的な結果を得ることは難しいのです。

初めて広告運用を行うなら、数値の見方をしっかりと理解しつつ、失敗するリスクを最小限に抑えながら運用することが極めて大切です。

少額予算から始めるメリットまとめ

　少額予算で広告運用をスタートさせるメリットとしては、次のようなことがあります。

■ 最小リスクで分析データが集まる

　日予算を低く設定することで、もし広告が期待通りの結果をもたらさなかった場合でも、大きな失敗には繋がりにくくなります。

　高額予算で運用するのに比べて、広告が進むスピードは緩やかですが、広告のデータを分析し、広告の画像に使っている訴求のテスト、素材のテスト、本文のテスト、ターゲット設定の調整を行い、広告の数値を改善していくことができます。

■ 段階的に最適化できる

　最初は小さく始めて、広告に関わる全ての数値が良い状態になるようにPDCAを回すことができたら、予算を徐々に増やしていくことで成果を安定させられます。マーケティングの戦略で考えている予算を的確に消化することができ、長期に渡って結果を出してくれる集客経路を手に入れることができるのです。

　このように、日予算500円からスタートできるMeta広告は、リスクを抑えつつ、マーケティング戦略の成果を最大化するために必須とも言える効果的な戦略です。小さく始めてデータに基づく意思決定を行い、徐々にスケールアップさせることで、ビジネスの成長を実現させることができます。

2〜3ヶ月で成果が見え始める

SECTION
05

PDCAを正しい知識を元にしっかりと回すことにより、短期間で成果を出しやすい特徴があります。各ステップでやるべきことを確実に実行すれば、大きな成果に！

PDCAを正しく回すことで、短期間で成果を出せる

最新のマーケティングでは、オンライン広告の効果的な活用が企業や経営者の成功に不可欠です。特にMeta広告は、さまざまなターゲティングができ、多種多様な広告のサイズへの展開が可能なので、多くのビジネスにおいて活用できる広告媒体です。しかし、単に広告を出稿するだけではなかなか成果を感じることは難しいです。Meta広告に関する正しい知識をつけつつ、PDCAサイクルを適切に回すことができれば、2〜3ヶ月という短期間で目に見える成果を得ることが可能です。

PDCAサイクルとは

PDCAは「Plan（計画）→ Do（実行）→ Check（評価）→ Act（改善）」の頭文字を取ったもので、継続的な改善を促すビジネス手法です。このサイクルをMeta広告戦略に適用することで、効果的に目標を達成し、広告の費用対効果や投資収益率などを最大化させていくことができます。

ここで広告の費用対効果や投資収益率などを評価するための指標として知っておきたいのは、ROASとROIという用語です。

■ ROAS＝ROAS - Return on Advertising Spend（広告費用対効果）

　ROASは、広告にかかった費用に対して得られた収益の割合で、投資した広告費用からどれだけの収益が生まれたかを示します。ROASが高い場合は、広告費用から効果的に売上が上がったということを意味します。

■ ROI＝Return on Investment（投資収益率）

　ROIは、すべてのコストを考慮して、投資した資金（広告費用だけでなく、製品コスト、運用コストなども含む）からどれだけの収益を得たかを示します。ROIが高い場合は、投資が効果的であったことを意味します。

　簡単に言うと、ROASは広告に特化した収益性を、ROIは全体的な投資の収益性を測る指標です。どちらもビジネスの健全性と成長を評価する上で重要です。

Plan（計画）

　広告で成功するためには、明確な目標を設定することです。何を達成したいのか（例：ウェブサイトへのトラフィック増加、リード獲得、成約件数、売上向上）、ターゲットとするユーザーは誰か、どのようなメッセージでアプローチするのかなどを決定します。この段階で競合分析も行い、差別化ポイントを明確にします。
　特にこの競合分析は非常に重要です。Meta広告ではMeta広告ライブラリという、誰でも気軽に使える競合分析ツールが存在しています。

Meta広告ライブラリ

出典：Meta広告ライブラリ
https://www.facebook.com/ads/library

　こちらのツールを使って競合他社がどのようにして広告を出稿しているのか、特徴などを掴んで、自社の広告の構築に役立てていくことが重要です。

Do（実行）

　Planに基づいて、広告キャンペーンを実行していきます。ターゲット設定、予算配分、広告の種類やサイズ展開、クリエイティブである画像や動画を選定し、キャンペーンを立ち上げます。このフェーズでは、A/Bテストを細かく行う必要がある前提で進めていくのが最も重要です。

Check（評価）

　Doで実行したキャンペーンのパフォーマンスを定期的に分析・チェックし、データを解析していきます。どの広告クリエイティブが最も効果的であったか、どのターゲット設定が最も反応が良かったかなど、具体的な指標をもとに評価します。この分析情報は次のステップであ

る「Act」のための貴重なフィードバックとなります。

Act（改善）

　Checkで得られた内容を元に、キャンペーンを的確に改善していきます。数値の悪いパフォーマンスを示した要素を修正し、より効果的だった広告の内容をさらに強化します。この改善プロセスは、キャンペーンを最適化し、ROAS・ROIを高めるために不可欠です。

PDCAを回せばビジネスが拡大する

　Meta広告の運用で重要なのは、市場の変化に柔軟に対応し、ユーザーのニーズに合わせて広告を最適化することです。そのためにもPDCAサイクルを適用し、各ステップを慎重に実行し、データに基づいた改善や決断を行うことが大事です。

　Meta広告は、PDCAを意識しながら広告運用を行うことで、初心者でも短期間で成果を出すことができますが、PDCAの各ステップを綿密に実施し続ければ、長期に渡ってビジネスの成長に大きく貢献します。

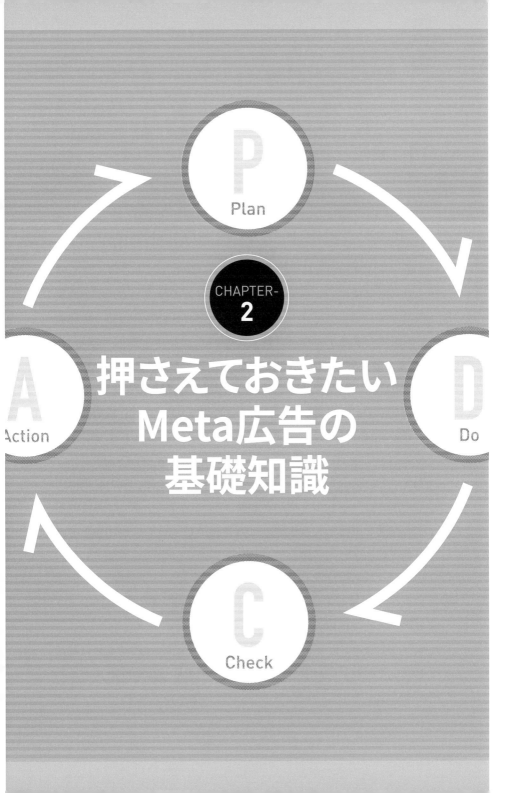

P
Plan

CHAPTER-
2

A
Action

D
Do

C
Check

押さえておきたい
Meta広告の
基礎知識

Meta広告とは？

SECTION 01　ここでは、Meta広告を運用するために必要な基礎知識を理解していきましょう。

そもそもMetaとは？

　Metaは、Facebookとして知られている企業で、ソーシャルネットワークサービスを中心に展開しているアメリカの企業です。この会社は2004年にマーク・ザッカーバーグによって創設され、以来、世界中で最も影響力のあるデジタルプラットフォームの一つに成長しました。

　Metaの主な製品には、Facebookを始め、写真や動画の共有サービスのInstagram、リアルタイムメッセージングアプリのWhatsApp、VR関連製品とサービスを提供するOculusなどがあります。これらのプラットフォームは、ユーザー同士が情報を共有し、コミュニケーションを取り、コンテンツを楽しむための重要な手段となっています。

　2021年、FacebookからMetaに社名を変更しました。この変更は、同社がただのソーシャルメディア企業から、「メタバース」と呼ばれる仮想現実空間を中心とした未来へと方向転換を図っていることを象徴しています。メタバースは、ユーザーがアバターを通じて互いに交流したり、ゲームをしたり、作業を共有したりできる、没入型の3D仮想世界です。Metaはこのビジョンを実現するために、技術開発とイノベーションに大きく投資しています。

　ちなみに本書のテーマであるMeta広告は、このMeta社がサービスとして提供しているプラットフォーム内に出稿できる広告配信サービスです。その主な特徴については、1章で触れたとおりです。

4プラットフォームに
同時出稿可能

2

SECTION
02

Meta広告の特徴は、Facebook・Instagram・Audience
Network・Messengerの4つのプラットフォームに同時
出稿できることです。

Facebookについて

　Facebookは世界最大のSNS媒体で、さまざまな年齢層や興味を持つ
人々が日々利用しています。情報発信や交流を目的としたFBページを
作成すれば、企業は製品やサービスについての情報を共有し、顧客と
直接コミュニケーションを取ることができます。また、広告を通じて、
特定の属性や興味を持つユーザーに対して、効率的にアプローチする
ことも可能です。

Facebookのイメージ

Instagramについて

　Instagramは画像と動画を使って魅力的に発信できるように提供さ
れているSNS媒体で、特に若年層に大人気ですが、最近では幅広い層

にも利用されています。Instagramでは、美しい写真や動画を共有することで、フォロワーとの関係を築くことができます。Instagramの広告は、ユーザーのフィードやストーリーに自然に溶け込む形で表示されるため、押し付けがましさを感じさせずに製品やサービスを紹介することができます。

　インフルエンサーマーケティングもInstagramの強力なツールの一つです。影響力のあるユーザーと協力することで、ブランドのメッセージをより多くの利用者に伝えることができます。

Instagramのイメージ

AudienceNetworkについて

　Audience Networkは、Facebookの広告配信システムを使って外部のアプリやウェブサイトに広告出稿できます。これにより、Facebookユーザーが他のアプリやサイトを利用している際にも、ターゲット設

定されたユーザーに対して広告を表示することができます。Audience Networkの利用により、広告主はFacebookの広告配信能力を活用しつつ、より広範囲なユーザーに対し広告を届けることができます。

オーディエンスネットワークの活用

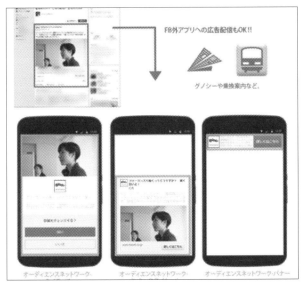

https://www.hiwell.co.jp/promotion/column

Messengerについて

Messengerは、Facebookのインスタントメッセージングサービスであり、ユーザーは友人や家族とプライベートにメッセージを送ることができます。ビジネスではMessengerを使用して、顧客サービスを提供したり、個々の顧客と直接コミュニケーションを取ったりすることが可能です。Messenger広告は、ユーザーのチャットリストに表示され、クリックするとウェブサイトやアプリに誘導されます。また、メッセージを介した直接的なコミュニケーションを促すこともできます。

Facebook Messenger（メッセンジャー）

出典：https://join.bigl
obe.ne.jp/mobile/si
m/gurashi/messenge
r181025/

　Facebook、Instagram、Audience Network、Messengerの4つのプラットフォームを駆使することで、ビジネスは多様なマーケティング戦略を展開し、幅広いユーザーにリーチすることができます。各プラットフォームの特性を理解し、適切なコンテンツとメッセージングを用いることで、効果的な広告キャンペーンを実施することが可能です。

幅広いユーザーに届けられる4つのプラットフォーム

Facebook　　　　Instagram　　Audience Network　　Messenger

2

細かいターゲティング設定ができる

SECTION
03

ここでは、Meta広告のターゲットの設定について理解していきましょう。ユーザーの興味などに合わせて細かく設定を行うことで、より高い広告効果が期待できます。

広告の成果を握る「詳細ターゲット」設定

　Meta広告には、効果的な配信を行うためのターゲット設定がいくつかあります。まず、Meta広告で代表されるターゲット設定が「詳細ターゲット」という設定です。

　詳細ターゲットでは、広告を表示する対象者を細かく指定できるので、ユーザーの興味や趣味、行動履歴、さらには年齢、性別、居住地などの基本的な情報に基づいてターゲット層を絞り込むことが可能です。

　具体的には、健康とフィットネスに関心が高い20代から30代の女性、特定のビデオゲームに熱中している男性、Appleのスマホが好きな30代男性、あるいは最近家を購入したカップル、売上が伸び悩んでいる40代男女経営者といった具合に非常に具体的なターゲットを設定することが可能です。

　詳細なターゲット設定は、広告の効果を大幅に高めるのに役立ちますが、あまりに細かいターゲット設定だと、かえって広告のリーチ（広告が表示される範囲）が狭くなりすぎ、効果的な広告運用が難しくなる可能性があります。

個人起業家、経営者、などの共通した属性で構築するとわかりやすく管理できる

より幅広いユーザー層に届ける「ブロードターゲット設定」

　先ほどのターゲット設定の他に、「ブロードターゲット設定」というのもあります。こちらは詳細ターゲット設定とは異なり、より幅広いユーザー層にアプローチする方法です。

　この方法は、特定の興味・関心を指定せずに、広告を配信します。このターゲット設定のメリットは、自分が想像しているペルソナとは違った新たな顧客層を発見できる可能性があることです。幅広く認知を上げたい時や、実店舗に集客したい時などに利用すると効果を発揮することが多いです。

　ブロードターゲット設定を使用する際は、広告の画像や動画、本文などのクリエイティブの方でターゲットユーザーの興味を引ける内容になっているということが前提条件です。Meta広告で地域、性別、年齢、言語のみを設定するため、ターゲットユーザーにアピールするためには、クリエイティブの方でしっかりと宣伝する必要があります。

　ターゲット設定とブロードターゲット設定のどちらを行うべきかについては、両方をテストすることにより、広告キャンペーンの効果を

測定し、適切な改善を行った上で最適化していきます。

ブロードターゲット設定

リターゲティングとは？

　リターゲティングとは、過去に広告のLPやHPといったウェブサイト
を訪れたり、アプリを使用したり、あるいは特定の行動をとったユー
ザーに類似したユーザーに対し広告を出稿することです。また、顧客
のメールアドレスを持っていれば、メールアドレスのユーザーに類似
したユーザーに広告を出稿することもあります。

　この方法は、既に広告を出稿する側のブランドや商品に興味を示し
たことがあるユーザーに焦点を当てるため、非常に効果的です。リタ
ーゲティングを使用すると、これらのユーザーに対して広告を表示し、
関心を再び引きつけたり、購入を促進したりすることができます。

　リターゲティングは特にオンライン集客では欠かせない機能です。
多くのユーザーは初回訪問時には購入に至らないことが多いですが、
リターゲティングによって再度彼らにアプローチすることで、購買を
完了させる可能性が高まります。また、購入者リストを集めて自社の
商品を購入したことのあるユーザーに類似した方に広告を出稿するこ

とができるので、よりユーザーの購入促進を促す可能性がある広告施策を打つことができるので、非常に心強いターゲット設定です。

リターゲティングのための設定

別の管理画面の機能で作成してからこちらで設定するため、Chapter8を参照

Advantage+ショッピングキャンペーンについて

2022年10月より、Meta広告でAdvantage+ショッピングキャンペーンというターゲット設定が新規実装されました。Advantage+ショッピングキャンペーンとは、MeatのAI技術を最大限活用して、広告キャンペーンを自動で最適化するMetaの新しい機能となっています。

このキャンペーンを使用することで、商品やサービスに最も関心のあるユーザーに効率的に広告を届けることができます。Advantage+ショッピングキャンペーンは、特に物販などの企業にとって強力な設定で、自社商品の露出を最大化し、売上を増加させることが期待できます。

物販だけではなく、商品を宣伝したい様々な商品に対応可能で、ブロード・詳細ターゲット・リターゲティングといった設定を同時にテストしていくのが良い運用だと考えます。

Advantage+ショッピングキャンペーン

広告運用で大切な個人情報保護の考え方

　Meta広告の利用では、ユーザーのプライバシーとデータの保護の動きがあることを理解することがとても重要です。Meta広告は、広告のターゲティング設定のために収集されるデータを安全に管理し、ユーザーの同意なしに個人を特定する情報を使用しないよう努めています。また、ユーザーは自身のプライバシー設定を通じて、どのような情報が収集され、どのように使用されるかをコントロールすることが可能です。

　広告主側としては、これらのプライバシーに関する規制やユーザーの権利を尊重し、透明性を持って広告活動を行うことが求められます。ユーザーの信頼を得るためには、広告の配信において個人情報の保護を最優先事項とすることが不可欠です。これには、収集されたデータの用途を明確にし、ユーザーがその使用に同意した情報のみを使用することが含まれます。また、ユーザーが自身のデータに関して持つ権利、例えばアクセスする権利や削除する権利を尊重し、これらのリクエストに迅速に対応することも重要です。

Meta広告で使われる
フォーマット

Meta広告では、画像や動画などさまざまなフォーマットでユーザーにアプローチできます。種類や見せ方のバリエーションが豊富なので、より高い成果が見込めます。

画像について

　Meta広告の画像は、最も基本的でありながら効果的な広告フォーマットの一つです。シンプルですが、魅力的なビジュアルや訴求文章で商品やサービスを紹介することができます。画像は、ユーザーの注意を引きやすく、また記憶に残りやすいため、特定のメッセージを伝えるのに非常に有効です。画像広告を制作する際には、高解像度の画像を使用し、ターゲット設定したユーザーが関心を持ちそうな内容で訴求していきましょう。

Meta広告の見本

よく見かける正方形の
画像を使用したMeta
広告

また、FacebookやInstagramの出稿される場所によっては、正方形の1:1（1080×1080）という画像サイズと、縦長の16:9（1920×1080）という複数の画像サイズで広告を出稿することが可能です。また、LPやHPのサイトで利用しているカラーやフォントなどを広告で利用する画像にも反映させて、世界観を統一させることが重要です。

動画について

Meta広告の動画は、画像以上に情報量が多く、よりダイナミックなアプローチができます。例えば、商品の使用方法のデモンストレーションや、サービスの背後にあるストーリーの紹介などを行えば、見ているユーザーの感情に訴えかけることができます。動画広告は、商品・サービスの個性を表現する上で強力な効果を発揮してくれるので、ブランド・商品の世界観を伝えるのに適しています。

ある調査によれば、画像と動画の両方を出稿することで、コンバージョンの獲得率が17%高くなるというデータも発表されていますから、できれば双方をうまく利用するのがいいといえます。

画像と動画の両方を運用すれば効果アップ

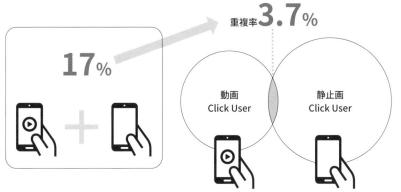

画像に目がいく層と動画に目がいく層両方を獲得していくことが重要

ただ、画像と動画は基本的に両方運用できたら良いのですが、動画は制作に時間とコストがかかることが多いため、目的と予算を考慮して、自分には必要かどうか？　という選択をする必要があります。Meta広告の動画の媒体推奨要件は15秒〜20秒くらいの動画なので、短くても内容が濃く、視聴者の注意を引くことができる動画を目指しましょう。なお、動画のサイズにも気を配ってください。サイズは、画像と同じサイズです。

スライドショーについて

　Meta広告のスライドショーは、複数の画像や短い動画クリップを連続して表示する形式です。このフォーマットは、動画のように情報を豊富に伝えることができる一方で、画像のように制作にはあまり時間がかからない上に低コストです。スライドショーを制作する際には、各画像やクリップが一貫したメッセージを伝えるようにし、見ているユーザーがストーリーを理解しやすい構成にすることが大切です。

スライドショーのイメージ。サイズは画像や動画と同じ。

カルーセルについて

　Meta広告のカルーセルは、ユーザーが左右にスワイプして複数の画像や動画を閲覧できる形式です。このフォーマットは、商品のバリエーションを紹介したり、あるテーマに沿った複数のアイテムをユーザーに見てもらったりするのに適しています。また、一つの広告内で複数のメッセージやストーリーを伝えることができるため、高い関心や興味を引くことが可能です。

　カルーセル広告を作成する際には、各スライドが互いに補完しあうようにし、全体として一貫したストーリーを構築することが重要です。

　なお、FacebookやInstagramの出稿される場所によっては、正方形の1:1（1080×1080）という画像サイズで広告を出稿することが可能です。

カルーセルの見本

最初の1枚目が肝心なので、1枚目で結論から始めるのがオススメ

　これまでに紹介した広告フォーマットは、効果的に活用することで、ターゲット設定したユーザーに対して魅力的なメッセージを伝え、商品の特徴や、会社やブランドの認知度を高めることができます。

Meta広告の
パフォーマンス測定

SECTION
05

Meta広告は出稿してからどのように分析するかによって
結果が変わります。ここでは、広告運用する上で見るべ
きポイントについて解説します。

Meta広告の運用で押さえておきたい5つのポイント

　1章でもお伝えしたように、広告は出稿するだけではいけません。
広告費用が無駄にならないよう、配信している広告がどのような成果
を生んでいるかを測定し、改善することが大切です。Meta広告のパフ
ォーマンスを評価する際は、次の5つの指標に注目しましょう。

1. CPM（Cost Per Mille）：広告の1,000インプレッション（広告が
   1,000回表示されること）あたりの費用
2. CTR（Click-Through Rate）：広告がクリックされた割合
3. CPA（Cost Per Action）：目標とするアクション（商品の購入、資
   料請求など）1件あたりの費用
4. CVR（Conversion Rate）：広告をクリックした人のうち、目標とす
   るアクションを起こした割合
5. CPC（Cost Per Click）：広告の1クリックあたりの費用

　これらの指標を総合的に分析することで、広告の効果を多角的に評
価できます。各指標の詳細と、それぞれの指標が持つ意味については、
これから順を追って説明していきます。

CPMについて

　CPMは、Cost Per Milleの略で、広告の1,000インプレッション（広告が1,000回表示されること）あたりの費用を表す指標です。この指標を使うことで、広告の表示頻度に対する費用対効果を測定できます。CPMの計算式は以下の通りです。

CPM＝（広告費用 ÷ インプレッション数）× 1,000

　例えば、10,000円の広告費用で50,000インプレッションを獲得した場合、CPMは以下のように計算されます。

CPM＝（10,000円 ÷ 50,000）× 1,000＝200円

　この場合、広告の1,000インプレッションあたりの費用は200円ということになります。

　CPMの金額が低いほど、同じ予算でより多くの人に広告を表示できるため、認知度の向上に効果的です。ただし、CPMが低くても、クリック率や成約率が低ければ、最終的な広告の効果に繋がっていないという判断になってしまいます。

　また、CPMは広告の掲載場所や、ターゲティングの設定によって大きく変動します。例えば、競合他社が多い広告枠や、人気の高いユーザーをターゲット設定する場合、CPMの金額は高くなる傾向があります。逆に、競合が少ない広告枠や、ニッチなユーザーをターゲット設定する場合、CPMの金額は低くなる傾向があります。

　CPMを最適化するためには、以下のような方法が効果的です。

・適切なユーザーへターゲット設定を行う

広告の目的に合ったオーディエンスを選択することで、無駄なインプレッションを減らし、CPMを下げることができます。

・広告の関連性を高める

広告の内容と、ターゲット設定したユーザーの関心事が一致していると、広告の関連性スコアが高くなり、CPMが下がる傾向があります。

・広告の掲載場所を最適化する

配信する広告枠を工夫することで、競合が少なく、CPMが低い広告枠を選択できます。

・広告のクリエイティブを工夫する

視覚的に訴求力のある広告クリエイティブである画像や動画、広告文章を工夫することで、ユーザーの関心が高く、良い反応を取れる傾向にあるので、CPMが下がる傾向があります。

CPMは、広告の表示頻度に対する費用対効果を測定する上で重要な指標ですが、他の指標とのバランスを考慮しながら、総合的に判断することが大切です。

CTRについて

CTRは、Click-Through Rateの略で、広告の表示回数に対するクリック数の割合を示す指標です。この指標は、広告のクリエイティブである画像や動画の訴求力を評価する上で重要な役割を持っています。

CTRの計算式は以下の通りです。

CTR ＝（クリック数 ÷ インプレッション数）× 100

　例えば、10,000インプレッションで100クリックを獲得した場合、CTRは以下のように計算されます。

CTR ＝（100 ÷ 10,000）× 100 ＝ 1%

　この場合、広告の表示回数に対するクリック率は1%ということになります。CTRが高いほど、広告が魅力的で、ユーザーの関心を引き付けていると言えます。ただし、クリック数が多くても、目標とする結果につながらなければ、広告の最終的な成果には結びつきません。クリック率は良いのに成約が出ない、来店に繋がらない、というのは訴求に問題があるか、クリエイティブ以外の所に問題が発生していると判断できます。

　また、CTRは業種や広告の種類によって大きく異なります。例えば、EC（電子商取引）業界の広告は、他の業界と比べてCTRが高い傾向があります。これは、EC業界の広告が商品の購入を直接的に訴求しているためです。一方で、ブランドの認知度向上を目的とした広告は、CTRが低くなる傾向があります。

　CTRを改善するためには、以下のような方法が効果的です。

・ターゲティングを最適化する

　広告の内容に関心を持つユーザーを的確にターゲティングすることで、CTRを高めることができます。

・広告のコピーを工夫する

　広告のテキストを魅力的かつ説得力のあるものにすることで、ユーザーのクリック意欲を高められます。短い文章がユーザーに気に入られることもあれば、長い文章が気に入られることもあります。

・視覚的に訴求力のある画像を使用する

　ユーザーが興味を示せるような画像を使うことで、ユーザーの注意を引き付け、クリック率を上げることができます。

・広告の掲載位置を最適化する

　ユーザーの目に留まりやすい広告枠を選ぶことで、クリック率を高めることができます。

・A/Bテストを実施する

　複数のクリエイティブを用意し、それぞれの成果を比較することで、最も効果の高い広告を見つけ出すことができます。

　CTRは、広告のクリエイティブや訴求力を評価する上で重要な指標ですが、単体で判断するのではなく、他の指標と合わせて総合的に分析することが大切です。

CPAについて

　CPAは、Cost Per Actionの略で、目標とするアクション1件あたりの費用を表す指標です。この指標は、広告の最終的な成果を評価する上で重要な役割を果たします。

　CPAの計算式は以下の通りです。

CPA＝広告費用 ÷ 目標アクション数

　例えば、10,000円の広告費用で50件の資料請求を獲得した場合、CPAは以下のように計算されます。

CPA = 10,000円 ÷ 50件 = 200円

　この場合、資料請求1件あたりの獲得費用は200円ということになります。CPAは金額が低いほど、同じ予算でより多くの成果を得られるため、費用対効果の高い広告だと言えます。ただし、CPAを下げるためにターゲット設定を絞り過ぎると、ユーザーへのリーチ（広告が届く人数）が限定的になるため、バランスを取ることが大切です。

　また、CPAは業種や商品・サービスの特性によって大きく基準値が異なるのも注意が必要です。例えば、高単価の商品やサービスを扱う業種では、CPAが高くなる傾向があります。逆に、低単価の商品やサービスを扱う業種では、CPAが低くなる傾向があります。

　CPAは広告の数値の良し悪しを判断する際に最も重要な指針であるのは間違いないです。Meta広告でCPAを最適化するためには、以下のような方法が効果的です。

・ターゲティングを最適化する

　高い確率でCV（LINE登録してくれる、メールアドレス登録してくれる）を起こすユーザーを的確にターゲット設定することで、CPAを下げることができます。

・広告のクリエイティブを最適化する

　目標アクションにつながりやすい広告のコピーや画像を1つ1つABテストして使用することで、CPAを改善できます。

・サイトを最適化する

　広告をクリックした後のLPやHPといったサイトを、ユーザーが自分ごとのように感じてアクションを起こしやすいように設計することで、CPAを下げることができます。

・リマーケティングを活用する

　過去に自社のウェブサイトを訪問したユーザーに広告を表示することで、高い確率で目標アクションを獲得できます。

　CPAは、広告の最終的な成果を評価する上で最も重要な指標の一つですが、獲得した成果の質も考慮に入れる必要があります。例えば、CPAが低くても、獲得した見込み客の質が低ければ、長期的な収益につながりません。高額商品を販売したい方の広告に、決裁権を持たないユーザーが集まってしまったりすると成約に繋がりにくくなります。CPAと獲得した成果の質のバランスを取ることが重要だと考えます。

CVRについて

　CVRは、Conversion Rateの略で、広告をクリックした人のうち、目標とするアクションを起こした割合を示す指標です。この指標は、LPやHPといった広告をクリックした後に表示されるサイトの最適化や、広告とLPの世界観が極めて高いリンクをしていると評価が上がるので、Meta広告を運用する上で、最も重要な指針の一つです。

　CVRの計算式は以下の通りです。

CVR＝（CV ÷ クリック数）× 100

　例えば、100クリックで10件の商品購入があった場合、CVRは以下のように計算されます。

CVR＝（10件 ÷ 100）× 100＝10%

　この場合、広告をクリックした人のうち、10%が商品を購入したと

いうことになります。

　CVRが高いほど、広告とLPが効果的に機能してユーザーがアクションを起こしてくれたと言えます。ただし、CVRは業種や商品・サービスの特性によって大きく異なります。例えば、高単価の商品やサービスを扱う業種では、CVRが低くなる傾向があります。逆に、低単価の商品やサービスを扱う業種では、CVRが高くなる傾向があります。

　CVRを改善するためには、以下のような方法が効果的です。

・サイトを最適化する

　ユーザーがCV設定した目標にアクションしやすいようにLPを設計することで、CVRを高めることができます。例えば、CTA（LINE登録やメールアドレス登録といった、サイトの出口に設定されるボタン）をLPの複数箇所に設置したり、自分事のように感じてもらえるような訴求文章を設置したりする工夫で、CVRを高くすることができます。

・広告とサイトの連動性を高める

　広告の内容とLPの内容を一致させることで、ユーザーの期待値を裏切らず、CVRを改善できます。例えば、Web広告の運用でお悩みの経営者の方へ、という訴求がLPにあったとしたら、できる限りその内容も広告の画像か本文の中に盛り込まれているのが前提ということです。

・ユーザーの心理を考慮する

　ユーザーが抱える不安や障壁を取り除き、CVアクションを起こしやすい環境を整えることで、CVRを高められます。例えば、権威性と実績がユーザーに安心要素として伝わるように設定したりすることです。Web広告はユーザーが目にした時に、「この商品は大丈夫なのか？」とまずは思われることが大半です。広告に使う画像や文章はいかにユーザーが悩んでいることに対してピンポイントで気になるような画像や

文章を入れられるか？　によって変わります。また、安心要素を与え
てあげられる色味を使ったりすることも大事な要素です。

・A/Bテストを実施する

　複数のLPを用意し、それぞれの成果を比較することで、最も効果の
高いページを見つけ出すことができます。例えばLPのファーストビュ
ーに記載されているコンセプトや訴求文章だけをテストしたりするこ
とも可能です。

・離脱率を分析する

　LPから離脱するユーザーの行動を分析し、改善点を見つけ出すこと
で、CVRを高めることができます。ヒートマップというツールが一般
的に使われている分析ツールです。LPのどこがユーザーに読まれてい
るのか？　LPのどこで離脱しているのか？　LPのどの場所を一番クリ
ックしてくれているのか？　をツールを使って知ることにより、LPの
改善ポイントを主観だけで改善することがないようにできます。

ヒートーマップを使った分析

主観で判断せず数値で判断することが重要

CVRは、広告とLPの効果を評価する上で重要な指標ですが、単体で判断するのではなく、他の指標と合わせて総合的に分析することが大切です。また、CVRを高めるためには、ユーザーの視点に立って、継続的に改善を重ねていくことが不可欠です。特に最近ではLPやサイトの改善を放置している広告主を多く見かけます。例えば広告が始まる前に多額の予算をかけてLPを作成し、広告が始まってからCVRの数値が低く、ヒートマップを導入して改善点を洗い出し、LPを作成してくれた業者に頼んだが、修正費用に多額の金額を追加で取られた、ということが起きています。

LPに関しては、最初は自分で作成して広告出稿を行い、自分で改善ポイントを見つけて修正を行うことをおすすめします。CVRを最適化できた際に、デザインなどをプロに作成依頼するのが一番費用を抑えながら、Meta広告で長期に渡って結果を出すことができるポイントになります。

CPCについて

CPCは、Cost Per Clickの略で、広告の1クリックあたりの費用を表す指標です。この指標は、クリック単価の高低を評価する上で重要な役割を果たします。

CPCの計算式は以下の通りです。

CPC = 広告費用 ÷ クリック数

例えば、10,000円の広告費用で500クリックを獲得した場合、CPCは以下のように計算されます。

CPC = 10,000円 ÷ 500 = 20円

　この場合、広告の1クリックあたりの費用は20円ということになります。

　CPCが低いほど、同じ予算でより多くのクリックを獲得できるため、LPやHPといったサイトへの誘導に効果的です。ただし、CPCが低くても、クリック後の成約率が低ければ、最終的な広告の効果は薄くなりがちです。Meta広告はインプレッション単価制で運用することがほとんどで、CPCはあくまでも目安であるということも考慮に入れておかないといけません。
　また、CPCは広告の掲載場所や、競合他社の入札状況によって大きく変動します。人気の高いキーワードや広告枠では、競合他社との入札競争が激しくなるため、CPCが高くなる傾向があります。
　CPCを最適化するためには、以下のような方法が効果的です。

・広告の品質スコアを高める

　広告の内容とLPの世界観、関連性を高め、ユーザーにとって有益な情報を提供できているサイトとMeta側に判断してもらえるようになることで、広告の品質スコアが上がり、CPCが下がる傾向があります。

・広告予算を適切に設定する

　1日の予算を適切に設定し、広告が一定のペースで配信されるようにすることで、CPCの上昇を防ぐことができます。

　CPCは、クリック単価の高低を評価する上で重要な指標ですが、クリック後の成果も考慮に入れる必要があります。CPCを下げるために広告の質を下げてしまっては、長期的な広告効果を損なう可能性があります。CPCと広告の質のバランスを取ることが大切です。

広告の入札の仕組みを理解する

SECTION
06

次に、広告が出稿される仕組みについて理解していきましょう。ここでは、主にMeta広告がユーザーに表示されるまでの仕組みについて解説します。

Web広告の広告オークションとは

広告主がMeta広告を利用する際、どのようにして自社の広告がユーザーに表示されるのでしょうか。その仕組みを理解するには、「広告オークション」と呼ばれる入札システムについて知る必要があります。まずは、Web広告の広告オークションで代表的な課金方式であるインプレッション単価制とクリック単価制について知りましょう。

まず知っておきたいのは広告オークションです。広告オークションとは、広告枠に広告を表示するための入札システムのことです。広告主は、自社の広告を表示したい条件（ターゲティング）と、広告に支払ってもよい金額（入札価格）を設定します。そして、広告枠に表示する広告を決定する際、Meta広告のシステムが各広告主の入札価格と広告の品質を評価し、最も適した広告を選択します。

この評価には、広告のクリック率（CTR）や広告の関連性などが考慮されます。クリック率とは、広告が表示された回数に対して、実際にクリックされた回数の割合を示す指標です。広告の関連性は、広告の内容がターゲットとするユーザーにとってどれだけ有益で興味深いかを表します。単に入札価格が高いからといって、必ずしも広告が表示されるわけではなく、ユーザーにとって有益で魅力的な広告であることが重要です。

広告オークションは、広告枠に広告を表示するたびにリアルタイムで行われます。これにより、広告主は予算と目的に合わせて柔軟に広告を配信することができるようになります。例えば、1日の予算を設定し、その範囲内で最も効果的な広告配信を行ったり、広告の表示期間や表示時間帯を指定したりして、ターゲットユーザーにリーチしやすいタイミングで広告を配信することが可能です。

課金方式：インプレッション単価制とは

インプレッション単価制（CPM）は、広告が1,000回表示されるごとに課金される方式です。CPMはCost Per Mille（1,000回あたりのコスト）の略称で、「ミル」はラテン語で「1,000」を意味します。

この課金方式では、広告が表示された回数（インプレッション数）に基づいて広告費が計算されます。つまり、広告がクリックされたかどうかに関わらず、1,000回表示されるごとに定められた金額が広告主に請求されるのです。

インプレッション単価制は、ブランド認知度の向上を目的とする広告主に適しています。広告を多くのユーザーに見てもらうことで、ブランドへの関心や認知度を高めることができるからです。例えば、新商品の発売に合わせて広告を配信し、多くのユーザーに商品の存在を知ってもらいたい時にはこの方法が向いています。また、イベントやキャンペーンの告知にも効果的です。

ただし、インプレッション単価制の場合、広告がクリックされない場合でも費用が発生するため、広告のクリック率を高めることが重要になります。ですから、広告の内容や見せ方を工夫し、ユーザーの興味を引くだけでなく、適切なターゲティングを行い、関心のあるユーザーに届くようにすることも大切です。

ちなみにこのインプレッション単価制では、CPMの金額が低いと表

示回数が多くなり、CPMの金額が多いと表示回数が少なくなるという特性があります。CPMの金額は様々な要因から金額が決定されることが多いです。例えば、広告で使うLPや広告のクリエイティブの画像や動画、本文といった内容でも金額は変動します。他にも3月や10月などの法人決算を消化したいという企業が多い時や、時期的な要因でもこのCPM の上限が上がったり下がったりします。

　ですからまずは、1年通して広告を出稿してみて下さい。そうすると、自社の広告がどの時期に強くてどの時期が落ちやすい、などの傾向が見えてくると思います。

　また、CPMが低いと広告の評価やその他の広告の数値も全体的に上がりやすい傾向にあります。少しでも広告の数値がよくなる工夫をすることにより、CPMの金額が下がり、より多くの人に広告を見てもらえるチャンスを得ることができます。

　なお、CPMの数値が悪い時は、次のような改善方法があります。

- **広告セットの属性を変更する（例えば経営者の属性を何も設定しないブロード配信にしたりする）**
- **広告で使っている文章を短くする**
- **広告で使っている画像や動画を入れ替える・LPを修正する**

　ただ、CPMはあくまでも目安の一つです。CVが取れていて、CPAもCVRも良い数値の場合は、わざわざに広告の内容を変更する必要ありません。

課金方式：クリック単価制とは

　クリック単価制（CPC）は、広告がクリックされるたびに課金され

る方式です。CPCはCost Per Click（クリックあたりのコスト）の略称です。

この課金方式では、ユーザーが広告をクリックした回数に基づいて広告費が計算されます。つまり、広告が表示されただけでは費用は発生せず、ユーザーが実際に広告をクリックした場合にのみ、定められた金額が広告主に請求されるのです。

クリック単価制は、ウェブサイトへのトラフィックを増やしたい広告主に適しています。広告がクリックされた場合にのみ費用が発生するため、広告費を効果的に活用することができるからです。

ただし、クリック単価制の場合、広告のクリック率を高めるために、魅力的な広告文言やデザインを工夫する必要があります。また、誤クリックやボットによるクリックにも注意が必要です。不正なクリックによって広告費が無駄になることを防ぐために、Meta広告では不正クリックを検知するシステムが導入されています。

これまでのことからもわかるように、広告主は、自社の広告目的やターゲットに合わせて、適切な課金方式を選択することが重要です。インプレッション単価制は、ブランド認知度の向上に適しており、多くのユーザーに広告を見てもらうことができます。一方、クリック単価制は、ウェブサイトへのトラフィック増加に適しており、広告費を効果的に活用することができます。

また、広告オークションでは、入札価格だけでなく広告の品質も評価されることを理解しておきましょう。

Meta広告の規約を正しく理解する

SECTION 07 Meta広告運用時に必ず頭に入れておかないといけないのが広告利用規約です。ルールを守らずアカウント停止にならないように気をつけましょう。

Web広告の規約とは？

まずはWeb広告全体における規約について知りましょう。Web広告の規約とは、広告主が広告を配信する際に守るべきルールのことです。これらの規約は、広告プラットフォーム別に定められており、広告の内容や形式、配信方法などに関する様々な制限や禁止事項が含まれています。

Web広告の規約は、大きく分けて以下のような項目から構成されています。

■ 1. 広告の内容に関する規定

広告の文言や画像、動画などの内容に関する規定。不適切な表現や、誤解を招くような表現などが禁止されています。

■ 2. 広告のリンク先に関する規定

広告をクリックした先のページに関する規定。商品やサービスの情報が不十分だったり、ユーザーを欺いたりするページが禁止されています。

■ 3. 広告主の商品やサービスに関する規定

広告主が扱っている商品やサービス、ビジネスモデルに関する規定。違法なビジネスや、規制対象となっている業種などに関する広告が制

限されています。

　広告のターゲティングや配信設定に関する規定。不適切なターゲット設定や、過度な配信頻度などが制限されています。

　これらの規約は、広告プラットフォームによって異なる場合がありますが、基本的な考え方は共通しています。広告主は、自社の広告が規約に沿ったものであるかを確認し、違反のないよう注意を払う必要があります。

Meta広告の規約の考え方と注意するポイント

　次に、Meta広告の規約についてです。Meta広告の規約は、大きく分けて3つの観点から定められています。

■ （1）ユーザーの保護

　まず、ユーザーの保護の観点から、Meta広告では、ユーザーに不快感を与えたり、誤解を招いたりするような広告は禁止されています。
　例えば、以下のような広告は規約違反となります。

- 過度に露骨な性的表現や、ポルノグラフィックな内容を含む広告
- 暴力的な表現や、グロテスクな画像を使用した広告
- 人種、民族、性別、年齢、宗教、性的指向などを理由とする差別的な表現を含む広告
- 違法薬物やその使用を連想させる表現を含む広告
- ギャンブルや宝くじなどに関する広告（国や地域によって規制が異なる）

また、広告の内容だけでなく、リンク先のページも規約の対象となります。例えば、以下のようなページへの誘導は規約違反となります。

- 商品やサービスの詳細が十分に説明されていないページ
- ユーザーを騙そうとするようなページ（フィッシングサイトなど）
- 著作権を侵害しているコンテンツを含むページ
- 違法なビジネスや商品を扱っているページ

■ （2）広告主の保護

次に、広告主の保護の観点からは、他者の知的財産権を侵害するような広告や、競合他社の商標を不正に使用した広告などが禁止されています。また、広告主のビジネスに関して虚偽の情報を拡散したり、ユーザーを欺くような広告を出稿したりすることも規約違反となります。

例えば、以下のような広告は規約違反となります。

- 他社の商標や著作物を無断で使用した広告
- 競合他社の商品やサービスについて、根拠のない比較や中傷を行う広告
- 広告主のビジネスについて、虚偽の情報や誇大な表現を含む広告
- ユーザーを騙して個人情報を取得しようとする広告

■ （3）Metaプラットフォームの健全性維持

最後に、Metaプラットフォームの健全性維持の観点からは、違法な

ビジネスや商品の広告、政治広告や社会問題に関する広告について、一定の制限が設けられています。

例えば、以下のような広告は規約違反となる可能性があります。

- 違法薬物やその使用を助長するような商品の広告
- 未承認の医薬品や医療機器の広告
- 銃器や弾薬などの武器に関する広告
- 政党や政治家、政治的イデオロギーを宣伝する広告（国や地域によって規制が異なる）
- 差別や偏見を助長するような社会問題に関する広告

これら3つのポイントを守りつつ、Meta広告を出稿する前に規約を遵守するためには、以下の5つの点に注意して広告の準備をすることが必要です。

1. 広告の文言や画像が、ユーザーにとって不快感を与えたり、誤解を招いたりするものではないかを確認する。
2. 広告のリンク先ページが、商品やサービスについて十分な情報を提供しており、ユーザーを欺くような内容になっていないかをチェックする。
3. 広告や広告主のビジネスに関して、虚偽の情報を発信していないか、他者の権利を侵害していないかを確認する。
4. 扱っている商品やサービスが、Metaの広告ポリシーに照らして問題がないかを確認する。特に、規制対象となっているビジネス分野については注意が必要。
5. 広告の配信設定を確認し、適切なターゲット設定がされているか、配信地域や年齢、言語に問題がないかをチェックする。

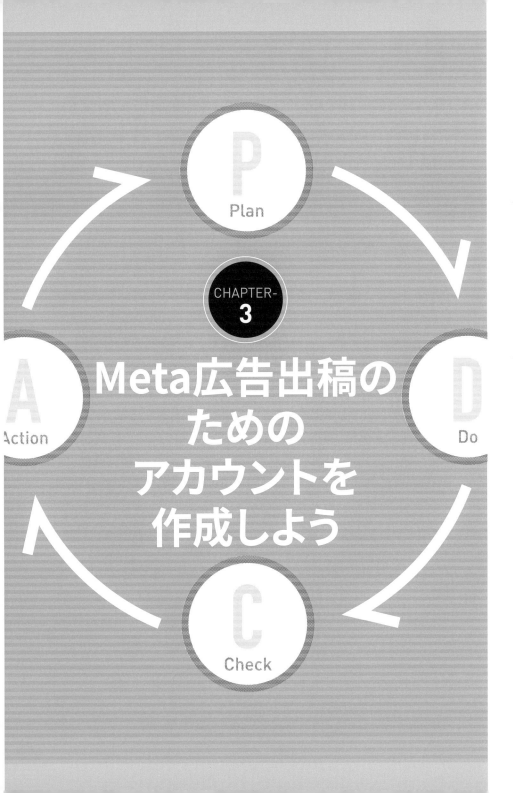

CHAPTER-
3

Meta広告出稿のためのアカウントを作成しよう

3

Facebook個人アカウントを作成しよう

SECTION
01

ここからはさっそく、Meta広告を出稿するための準備を行っていきましょう。Meta広告の運用のためにまず必要なのは、Facebookの個人アカウントです。

FB個人アカウントの開設の方法

　Meta広告を始めるには、まずFacebook個人アカウントの開設が必要です。すでに持っている方はいいですが、持っていない方は新規開設して下さい。

　手順は簡単ですが、ここからの作業はパソコンで行ってください。スマホでも各種アカウントの開設は可能ですが、Meta広告の広告を管理するアカウントはパソコンで操作が必要です。また、広告を管理するためのアカウントは推奨されているブラウザもあります。本書のおすすめは、Google Chromeです。

Facebookビジネスツールでサポートされているウェブブラウザ

出典：https://www.facebook.com/business/help/957181011067537

■ ①新規開設

01

まず、Facebookの公式ウェブサイト（https://www.facebook.com）にアクセスしましょう。トップページの右側にある「新しいアカウントを作成」をクリックします。

■ ②情報入力

02

次に、必要な情報を入力します。氏名、メールアドレスまたは電話番号、パスワード、生年月日、性別を入力し、「アカウント登録」ボタンをクリックします。メールアドレスまたは電話番号は、アカウントの認証に使用されます。

■ ③認証方法

　認証方法は2つあります。メールアドレスで登録した場合は、指定したメールアドレスに送信された確認コードを入力します。電話番号で登録した場合は、SMSで送信された確認コードを入力します。コー

CHAPTER-3　Meta広告出稿のためのアカウントを作成しよう

ドを入力すると、アカウントが有効化されます。

アカウントの作成が完了したら、プロフィール情報を充実させまし ょう。プロフィール写真やカバー写真を設定し、自己紹介文を追加し ます。また、出身校や勤務先、居住地などの情報を入力すると、同じ バックグラウンドを持つ他のユーザーとつながりやすくなります。

プロフィールを整えたら、友達やフォローしたいページを探しまし ょう。知り合いや同僚、友人に友達リクエストを送ったり、興味のあ るページをフォローしたりすることで、Facebookでの交流が始まりま す。

FB個人アカウントの取り扱い注意点

FB個人アカウントを適切に運用するには、いくつかの注意点を押さ えておく必要があります。

アカウントを作成したら、まずプライバシー設定を確認しましょう。 「設定とプライバシー」メニューから、投稿の公開範囲や個人情報の表 示範囲を調整できます。自分の投稿を誰に見せるか、他のユーザーか らどこまで検索されるかなどを設定します。初期設定では公開範囲が 広いため、必要に応じて限定するようにしましょう。

03 プロフィールアイコン→設定とプライバシー→設定をクリック

■ セキュリティ対策の徹底

　個人情報を守るために、セキュリティ対策を徹底することが大切です。まず、強力なパスワードを設定しましょう。文字、数字、記号を組み合わせた長めのパスワードが理想的です。また、二段階認証を有効にすることで、不正アクセスを防ぐことができます。二段階認証とは、ログイン時にパスワードに加えて、別の認証方法（SMSによる確認コードや認証アプリの使用など）を用いる方法です。

04 画面左の項目のアカウントセンターでもっと見るをクリック

05

パスワードとセキュリ
ティをクリック

06

2段階認証をクリック

■ 知的財産権の尊重

　他者の著作権や商標権を侵害するようなコンテンツを投稿しないよ
う注意しましょう。無断で他人の写真や動画、記事を使用すると、法
的トラブルに発展する恐れがあります。投稿する画像や動画は、自分
で撮影・作成したものか、使用許諾を得たもので投稿します。

■ 不適切なコンテンツの排除

Facebookのコミュニティ規定に反する投稿は厳禁です。暴力的、差別的、誹謗中傷的な内容、アダルトコンテンツ、違法行為を助長する内容などは、アカウントの制限や停止、削除の対象となります。健全なコミュニティを維持するために、不適切な内容では投稿しないようにしましょう。

■ 個人情報の慎重な取り扱い

自分や他者の個人情報を不用意に公開しないよう、細心の注意を払いましょう。住所や電話番号、クレジットカード情報など、機密性の高い情報は投稿しないように徹底しましょう。また、他者の個人情報を投稿する際は、必ず本人の同意を得ることが重要です。

■ 投稿の内容を意識する

Meta広告を運用する際は、通常の投稿と営業色の強い投稿のバランスに配慮しましょう。販売を意識した営業色の強い投稿ばかりしていると、フォロワーが離れていく可能性があります。有益な情報や価値のある内容を提供することが大事です。趣味などの投稿を9投稿程投稿してから1投稿営業色の強い投稿をする、という形で組み込むことが理想的です。

■ 定期的なアカウント管理

アカウントを安全に維持するには、定期的な管理が欠かせません。ログイン履歴を確認し、身に覚えのないアクセスがないか確認します。
いつも同じ場所、同じPC、同じブラウザでログインをしているかどうかまでチェックされているので、不定期に場所が変わる場合は注意が必要です。特にホテルやカフェの公共Wi-fiには繋がないようにしましょう。

Facebookページの作成

SECTION
02
個人アカウントが作成できたら、Meta広告の出稿には欠かせないFacebookページを作成していきましょう。

Facebookページとは？

　Facebookページは、個人や企業がFacebook上で自分のブランドや活動を宣伝し、フォロワーとつながるための強力なツールです。Facebookページは、個人プロフィールとは異なり、主にビジネスや組織、ブランド、著名人などが使用します。ページを通じて、新商品やサービスの告知、イベント情報の共有、フォロワーとのコミュニケーションを行うなどの利用ができます。

　Meta広告を始めるために、Facebookページの用意は必須事項です。広告が出稿される際、Facebookページの名前を使って広告が出稿されていくためです。

画像一番上の会社名の部分がFacebookページから使われている

Facebookページの開設の方法

■ ①Facebook個人アカウントにログイン

　Facebookアカウントにログインします。まだアカウントをお持ちでない場合はwww.facebook.comにアクセスして新しいアカウントを作成してください。

■ ②Facebookページを作成する

　Facebookのホームページ左上にある各種ツールの所に「もっと見る」があるのでクリックし、メニューから「ページ」を選択します。

　次に、「新しいページを作成」というのがあるので、そちらをクリックします。

■ ③ページ名、カテゴリ、自己紹介を入力する

続いて、ページ名、カテゴリ、自己紹介を入力します。

ページ名はMeta広告でユーザーに認知されやすい明確で覚えやすいものにしましょう。ブランド名や組織名、〇〇事務局などと使用するのが一般的です。

カテゴリは、ページの内容を最もよく表すものを選択します。複数のカテゴリーが該当する場合は、最も重要なものを選びます。カテゴリに「Web」などと入力すると、候補が出てきますので一番近いものを選んで下さい。こちらはピッタリ合うのがなければ厳密でなくても良いので、とにかく選んで下さい。

自己紹介はFacebookページの紹介文のようなものです。広告を出す上では必ず設定が必須のため、設定して下さい。

ユーザーがわかりやすい説明を必ず入力する必要がある

■ ④Facebookページのプロフィール写真とカバー写真を設定する

　プロフィール写真とカバー写真をアップロードします。プロフィール写真は、ページをアイコン形式で表示する際に使用される画像で、通常はブランドロゴや代表的な商品の画像を使用します。一方、カバー写真は、ページを訪れた人が最初に目にする大きな画像で、ブランドイメージを伝えるのに適しています。両方の画像とも、Facebookが推奨するサイズと形式に従ってアップロードしましょう。

■ ⑤ページの詳細情報を入力

　ページの詳細情報を入力します。「概要」セクションには、ページの目的や提供するサービス、ブランドの特徴などを簡潔に記入します。また、ウェブサイトのURL、連絡先情報（電話番号、メールアドレス、住所など）、営業時間といった情報も追加しましょう。これらの情報は、フォロワーがページについて理解したり、問い合わせたりする際に役立ちます。また、こちらの情報の入力が完了しないままMeta広告の出稿を行うと、高い確率で広告の規約違反と見なされて、広告出稿が停止してしまいます。従って、広告出稿を行うまでに必ずFacebookページの情報は入力できる箇所は全て入力しましょう。

FBページの取り扱い注意点とは？

　Facebookページは、Meta広告をスタートされる人には必須です。Facebookページを成長させることも、広告運用の中では非常に重要な施策の1つなので、次のことに配慮しながら継続して更新していきましょう。

■ 世界観を大事にする

　一貫性のあるブランドイメージを維持することが重要です。プロフィール写真、カバー写真、投稿内容などを通じて、ブランドの個性や価値観を一貫して表現しましょう。ビジュアル要素に統一感を持たせることで、フォロワーにブランドを印象づけることができます。

■ 定期的に更新を行う

　定期的に投稿を行い、フォロワーとの関係性をMeta広告のAIに見せることが重要です。できれば毎日1投稿、難しいようなら1週間に1度程度、投稿することを推奨します。ページの目的や業種によって最適な頻度は異なります。投稿内容は、フォロワーにとって価値のある情

報や興味を引けるような投稿であることを心がけましょう。ただし、投稿頻度があまりにも高すぎると、フォロワーを煩わせる可能性があるので注意が必要です。投稿を行うことにより、Meta広告の数値にも反映されます。Facebookページの評価が高いと品質が良いとMeta側に判断されるので、広告の数値が良い傾向になりやすいです。

■ フォロワーとのやり取りは迅速に行う

フォロワーからのコメントやメッセージには迅速に返信するようにしましょう。これにより、フォロワーとの信頼関係を構築し、Meta側からこのページは優秀であると評価を得ることができます。

■ 関連性のある投稿を心がける

投稿内容は、フォロワーにとって価値のあるものにします。単なる宣伝だけでなく、役立つ情報や興味を引くような情報を提供しましょう。例えば、業界の最新トレンド、商品の使用方法、ユーモアのある画像や動画など、フォロワーが楽しんだり学んだりできる内容を投稿します。

■ Facebookの規約に準ずる

Facebookの利用規約とコミュニティガイドラインを遵守することが重要です。不適切なコンテンツや著作権侵害などは避けましょう。また、競合他社や個人を中傷するような投稿も控えるようにしましょう。ルールに反する行為は、ページの信頼性を損ない、最悪の場合はページの停止・削除に繋がってしまい、Meta広告が停止してしまう可能性があります。

■ Facebookページの分析を行う

Facebookページの分析機能を活用して、フォロワーの行動や投稿のパフォーマンスを分析します。分析機能を使うとページのリーチ、エ

ンゲージメント、フォロワーの属性などのデータを確認できます。これらのデータを基に、どのような投稿が好まれているのか、どの時間帯に投稿するのが効果的かなどを分析し、よりターゲットに響く戦略を立てましょう。

　また、Facebookページの管理者権限は慎重に付与しましょう。複数の管理者がいる場合、役割分担を明確にし、ページの方針についてしっかりと共有することが大切です。

　もしもネガティブなコメントなどがついた場合は、慎重かつ冷静に対応することが大切です。明らかな誹謗中傷や悪質なコメントに対しては、毅然とした態度で対処し、必要に応じてコメントを非表示し、相手をブロックするなどの措置を取ります。

ビジネスアカウントの作成

SECTION 03

Meta広告の運用を行うには、ビジネスアカウントも必要です。ここからはビジネスアカウント開設の方法と注意点について学んでいきましょう。

ビジネスアカウントとは？

ビジネスアカウントは、Meta広告を利用するために必要なアカウントです。個人のFacebookアカウントとは異なり、ビジネスや組織の情報を登録し、広告の管理を行うことができます。

ビジネスアカウントを作成すると、以下のような機能が利用できます。

■ 広告アカウントの作成と管理

ビジネスアカウントの下に複数の広告アカウントを作成し、例えば商品やサービスを複数展開している場合、商品やサービス毎に広告キャンペーンを個別に管理することができます。これにより、ターゲット層に合わせた広告を効率的に運用できます。

■ 支払い方法の設定

　広告費用の支払いに使用するクレジットカードなどの情報を登録します。これにより、広告の配信が可能となり、費用の管理がスムーズに行えます。

■ 広告の作成とターゲティング

　ビジネスアカウントを使って、様々なタイプの広告を作成することができます。画像や動画、カルーセル形式など、目的に合わせた広告フォーマットを選択し、ターゲット層の属性（年齢、性別、興味関心など）を設定して、効果的に広告を配信します。

■ 広告の効果測定とレポーティング

　広告の表示回数、クリック数、コンバージョン数などの重要な指標を確認し、広告の効果を測定することができます。これらのデータを分析することで、広告の最適化や予算配分の改善につなげられます。

　ビジネスアカウントは、1つの組織で複数作成することができ、それぞれの広告アカウントを別々に管理することが可能です。部署やブランドごとに異なるビジネスアカウントを作成し、広告活動を個別に管理することもできます。

ビジネスアカウントの開設方法

ビジネスアカウントを開設するには、以下の手順を踏みます。

■ ①Facebook個人アカウントの準備

　Facebook個人アカウントにログインし、広告管理ツール（https://business.facebook.com/overview）にアクセスします。

■ ②ビジネスアカウント開設

「アカウントを作成する」をクリックします。

　ビジネスアカウントの名前、プライマリページ、アカウントの目的などの必要情報を入力します。

■ ③ビジネスおよびアカウントの名前

　ここでは商品やブランド名、会社名、キャンペーン名を入力します。広告出稿などでユーザーに見られる名前ではないので、運用メンバーがわかりやすい名前を入力しましょう。

あなたの名前
　担当者の名前をこちらに入力します。

メールアドレス
　受信できるビジネスで使っているメールアドレスを入力します。なるべくFacebook個人アカウントで使用しているメールアドレスを使った方が良いです。後々アカウント停止などになった場合、Metaサポー

トに確認で連絡を取ることを考慮し、整合性を合わせておくことをお
すすめします。

　ビジネスアカウントの開設は無料で行うことができます。ただし、
広告を実際に配信するためには、Facebookページの登録、広告アカウ
ントの作成、クレジットカードなどの支払い方法を登録する必要があ
ります。また、広告費用は広告の表示回数やクリック数に応じて発生
するため、予算管理に注意が必要です。

ビジネスアカウントの取り扱い注意点

　ビジネスアカウントを利用する上では、以下の点に注意しましょう。

■ 情報の正確性に注意する

　ビジネスアカウントに登録する情報は、正確で最新のものを入力し
てください。虚偽の情報を登録すると、アカウントが停止される可能
性があります。また、広告の審査にも影響が出る場合があるため、真

実かつ詳細な情報を提供するようにしましょう。特に会社情報を入力する場面があるのですが、こちらで架空の情報を入れてしまうと、高い確率でアカウントが永久的に停止になる可能性があるので、注意して下さい。

■ 支払い情報は定期的に確認する

広告費用の支払いに使用するクレジットカードなどの情報は、定期的に確認する必要があります。カードの有効期限が切れていたり、利用限度額に達していたりすると、広告の配信が停止されてしまうためです。支払い情報の管理を怠ると、広告キャンペーンに大きな影響を与えかねません。

■ アクセス権限の管理は慎重に行う

ビジネスアカウントへのアクセス権限は、信頼できる人物にのみ付与してください。不正アクセスによる情報漏洩や、意図しない広告の配信を防ぐことができます。アクセス権限は役割に応じて設定し、定期的に見直すことが重要です。特にユーザー権限の管理者で広告に入ってもらうユーザーは、過去に広告アカウント停止に関わったことがあるかどうか？　Facebook個人アカウントを逐一更新しているユーザーなのかどうか？　という判断がビジネスアカウントに連携する前に必要になります。

■ 広告ポリシーを遵守する

Meta広告には、独自の広告ポリシーがあります。ポリシーに違反する広告を配信すると、アカウントが停止される可能性があるため、事前にポリシーを確認し、遵守してください。例えば、誇大表現や差別的な内容、3ヶ月で10Kg痩せられるという内容を断定する断定表現、アルコールや銃器に関する広告などは、ポリシー違反となる可能性が高いため、十分に注意が必要です。また、薬機法など国が定める法律

にも準じる必要があります。薬機法などは摘発された場合、関わった業者全てが摘発対象になるため、広告配信前に厳重な審査を設けて、出稿できる商品なのかどうか？を判断する必要があります。

■ セキュリティ対策を行う

ビジネスアカウントのセキュリティを確保するために、強力なパスワードを設定し、二要素認証を有効にしましょう。これにより、不正アクセスのリスクを大幅に減らすことができます。また、ログインの際は、Facebook個人アカウントからアクセスし、ビジネスアカウントを立ち上げて下さい。Facebook個人アカウントが基軸となっているため、Facebook個人アカウントでログインされた、という状態でビジネスアカウントを立ち上げるのが一番安全です。

■ 定期的に広告の最適化を行う

広告の効果を最大限に引き出すために、定期的に広告の内容やターゲット設定を見直し、最適化を図ることが重要です。広告の表示回数やクリック率、コンバージョン率などの指標を分析し、改善点を見つけましょう。A/Bテストを行い、より効果の高い広告のバリエーションを見つけるのも効果的です。

3 Googleタグマネージャー を活用しよう

SECTION 04 Meta広告を運用する上では必須ではありませんが、無料で使える上にメリットが多いGoogleタグマネージャーはぜひ活用しましょう。

Googleタグマネージャとは？

　Googleタグマネージャは、ウェブサイトやアプリにさまざまなタグ（コード）を簡単に設置・管理できるツールです。タグとは、ウェブサイトやアプリの特定の場所にデータを収集したり、機能を追加したりするための小さなコードのことです。

```
HTML ⑦

 1  <!-- Meta Pixel Code -->
 2  <script>
 3  !function(f,b,e,v,n,t,s)
 4  {if(f.fbq)return;n=f.fbq=function(){n.callMethod?
 5  n.callMethod.apply(n,arguments):n.queue.push(arguments)};
 6  if(!f._fbq)f._fbq=n;n.push=n;n.loaded=!0;n.version='2.0';
 7  n.queue=[];t=b.createElement(e);t.async=!0;
 8  t.src=v;s=b.getElementsByTagName(e)[0];
 9  s.parentNode.insertBefore(t,s)}(window, document,'script',
10  'https://connect.facebook.net/en_US/fbevents.js');
11  fbq('init', '366880022504103');
12  fbq('track', 'PageView');
13  </script>
14  <noscript><img height="1" width="1" style="display:none"
15  src="https://www.facebook.com/tr?id=366880022504103&ev=PageView&noscript=1"
16  /></noscript>
17  <!-- End Meta Pixel Code -->
```

　例えば、GoogleアナリティクスやMetaピクセル（広告のCV計測を行うためのタグ）といったWebサイトの分析ツールや、広告の効果測定ツールなどを使う際に、それぞれのツールごとにタグを設置する必要があります。通常、これらのタグはウェブサイトのHTMLコードに直接埋め込む必要があり、専門的な知識がないと設置が難しい場合が

あります。また、タグの設置や更新のたびにHTMLコードを編集しなければならないため、手間がかかる上に、タグをサイト内に埋め込みすぎると、スマホなどでサイトが表示された時に、読み込みスピードが遅くなってしまい、広告の品質低下の判断をされることもあるのです。

　しかし、Googleタグマネージャを使えば、これらのタグを一括で管理できるので、作業が簡単になります。Googleタグマネージャでタグを設定すると、専用のコンテナというものが作成されます。このコンテナのコードをウェブサイトのHTMLに一度埋め込めば、あとはGoogleタグマネージャ上でタグの追加や編集ができるようになります。HTMLコードを直接編集する必要がないので、専門知識がなくても簡単に作業ができます。埋め込むタグが一つだけでよくなるため、読み込みスピードの低下を防ぐことも可能です。

誰でも簡単にサイトに埋まっているタグを管理できる

　また、タグの設置や変更によってWebサイトやアプリに不具合が生じるリスクを減らすことができます。Googleタグマネージャには、タグの動作をテストできる機能が用意されています。新しいタグを追加したり、既存のタグを変更したりする前に、テスト環境で動作を確認

できるので、安心して利用できます。

　さらに、Googleタグマネージャを使えば、タグの管理を効率化でき
ます。複数のタグを一元管理できるので、タグの設置漏れや重複設置
を防ぐことができます。また、タグの設定を変更する際も、Googleタ
グマネージャ上で一括して変更できるので、作業時間を大幅に短縮で
きます。

　加えて、Googleタグマネージャにはユーザーの行動に応じてタグを
発火させる機能があります。例えば、特定のページを訪問したユーザ
ーにのみ、特定のタグを発火させることができます。これにより、よ
り詳細なデータ収集や、ユーザーに合わせた機能の提供が可能になり
ます。

Googleタグマネージャアカウントの開設方法

　Googleタグマネージャを使うには、まずアカウントを開設する必要
があります。以下の手順に従って、アカウントを開設しましょう。

■ ①Googleアカウントを取得する

　Googleアカウントを取得します。すでにGmailやGoogleドライブな
どを使っている場合は、そのアカウントを使用できます。Googleアカ
ウントを持っていない場合は、新規に作成する必要があります。

■ ②Googleタグマネージャにアクセスする

　ウェブサイト（https://tagmanager.google.com/#/home）にアク
セスします。

■ ③アカウントを作成する

「アカウントを作成」をクリックします。

タグ マネージャー　すべてのアカウント ▾	:: ? :
✉ 招待	65 >

アカウント　　Google タグ　　　　　　　　　　　　　　　アカウントを作成

アカウントを作成するにはここをクリックしてください

■ ④情報を入力する

アカウント名（会社名や組織名など）とコンテナ名（ウェブサイトやアプリの名前など）を入力します。アカウント名は、Googleタグマネージャを使う組織や会社の名前を入力します。コンテナ名は、タグを設置するウェブサイトやアプリの名前を入力します。ドメインをすでにお持ちの場合は、www.enloopad.co.jpという形で入力して下さい。「ウェブ」という項目をクリックして、最後に「作成」をクリックして下さい。

アカウントの設定

アカウント名
テスト

国
日本 ▾

☐ Google や他の人と匿名でデータを共有 ⑦

CHAPTER-3 Meta広告出稿のためのアカウントを作成しよう

91

■ ⑤「同意する」をクリック

　利用規約に同意する 利用規約に同意し、「同意する」をクリックし、右上の「はい」をクリックします。

■ ⑥開設完了

　Googleタグマネージャのダッシュボードが表示されたら、アカウントの開設は完了です。タグの画面が出てきますが、一旦×で閉じて大丈夫なので、ダッシュボード画面にいくことができれば開設完了です。

　以上の手順で、Googleタグマネージャのアカウントを開設できます。アカウントを開設したら、次はコンテナにタグを設定していきます。タグの設定方法については、6章で詳しく解説しますので、読み

進めてもらえればと思います。

Googleタグマネージャアカウントの取り扱い注意点

Googleタグマネージャは便利なツールですが、使い方を誤るとウェブサイトやアプリに悪影響を与えてしまう可能性があります。Googleタグマネージャを使う際は、以下の点に注意しましょう。

■ タグの設置や変更

設置や変更は簡単ではなく、Webサイトやアプリの動作に影響を与える可能性があります。特に、JavaScriptのコードを含むタグを設置する場合は、慎重に行う必要があります。タグの設置や変更を行う前に、必ずテスト環境で動作を確認し、問題がないことを確認してから本番環境に反映するようにしましょう。

■ 二重チェックを徹底する

タグの設置や変更は、できるだけチームメンバーと協力して行うことをおすすめします。一人で作業をすると、ミスが起こりやすくなります。複数人でタグの設定内容を確認し、問題がないことを確認してから反映するようにしましょう。

■ バックアップを取る

タグの設置や変更を行う前に、必ずウェブサイトやアプリのバックアップを取っておきましょう。万が一、タグの設置や変更によって問題が発生した場合でも、バックアップがあれば元の状態に戻すことができます。

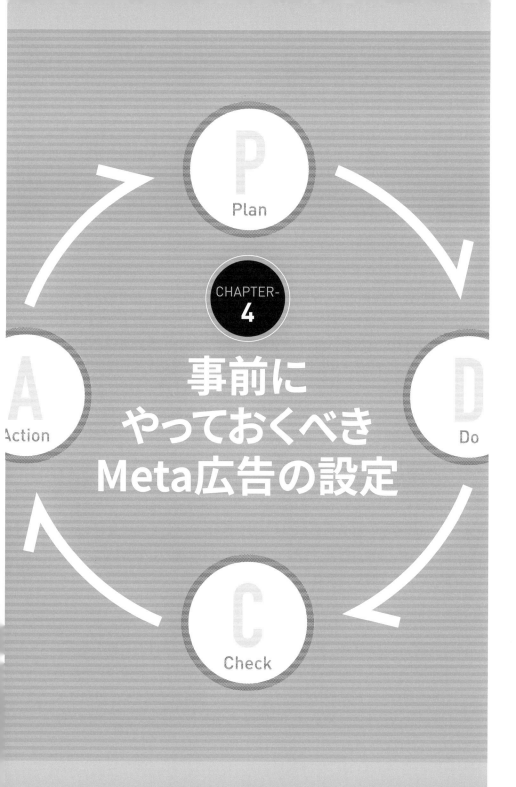

P
Plan

CHAPTER-
4

D
Do

A
Action

C
Check

事前に
やっておくべき
Meta広告の設定

広告は事前準備が非常に重要

SECTION 01 広告は正しく運用することがなにより大切です。規約に違反しないように、全てのアカウントの初期構築をしっかりと理解し、対応する必要があります。

広告の規約チェックについて

まずは、広告の規約についてしっかりと理解してください。

Meta広告を本格的に始める前に、広告の利用規約を理解し、それに従ってアカウントを適切に設定することが非常に重要です。ここを軽視する人も少なくありませんが、利用規約の違反は、広告アカウント・ビジネスアカウントの一時停止や永久停止につながる可能性があるため、十分な注意が必要です。Meta広告の規約は、プラットフォームによって異なりますが、一般的に以下のような内容が含まれています。

■ 広告内容の制限

違法な商品やサービス、偽りの情報、差別的な内容などを広告に含めることは禁止されています。例えば、規制薬物、偽造品、詐欺的なサービスなどを宣伝することはできません。また、広告の文言や画像が、人種、性別、宗教、性的指向などを差別したり、攻撃的な内容を含んだりしてはいけません。

■ ターゲットの制限

年齢、性別、人種、宗教など、特定のグループを不当に排除したりターゲットとしたりすることは許可されていません。例えば、職種や役職を理由に、特定の性別だけを対象とした広告を出すことは避けなければなりません。あとは、「お肌のお手入れに悩んでいる30代女性

の方へ」などという文言も、年齢を指定して個人を指定していることになるため、禁止されています。

■ プライバシー保護

　ユーザーの個人情報を不適切に収集したり、使用したりすることは禁止されています。具体的には、ユーザーの同意なしに個人情報を取得したり、第三者に提供したりすることは許されません。また、収集した個人情報を適切に管理し、漏洩や不正アクセスから保護する必要があります。

■ 著作権の尊重

　他者の著作権を侵害する画像や文章を使用することは避けなければなりません。無断で他者の写真、イラスト、文章などを使用すると、著作権侵害として訴えられる可能性があります。特に、リンクさせるサイトにも規約チェックは入るため、例えば芸能人と一緒に映っている写真や動画、雑誌の切り抜きなどは芸能事務所や雑誌を提供している会社などに確認をして、許可が出ている場合のみ使うことができます。広告画像や動画で無断で使うと著作権侵害となる、それはリンクさせているサイトでも同様だ、という認識を強く持ちましょう。

　これらのMeta広告の利用規約を理解し、遵守することで、アカウントが安全に運用され、効果的な広告キャンペーンを実施できます。繰り返しますが、規約違反によるペナルティは、広告の配信停止だけでなく、Meta広告アカウントの永久停止や法的責任に繋がることもあるため、十分な注意が必要です。

　広告を出稿する前に、必ずMeta広告の利用規約をチェックすることが重要です。規約は定期的に更新されることがあるため、最新の情報を確認するようにしましょう。

規約違反にならないためにはどうすればいいのか？

　まず、準備した広告の内容が規約に沿っているかどうかを確認しましょう。商品やサービスの説明が正確で、誇大広告や虚偽の情報が含まれていないかチェックします。例えば、「世界一の商品」や「絶対に痩せる」などの誇大表現や、根拠のない効果の主張は避けなければなりません。また、広告の文言や画像が差別的、攻撃的、あるいは不適切なものでないことを確認します。

　さらに、プライバシーに関する規約にも注意を払う必要があります。ユーザーの個人情報を適切に取り扱い、不正な方法で情報を収集したり、使用したりしていないことを確認します。具体的には、ユーザーの同意なしに個人情報を取得したり、第三者に提供したりすることは許されません。また、収集した個人情報を適切に管理し、漏洩や不正アクセスから保護する必要があります。

　最後に、広告に使用する画像や文章が、他者の著作権を侵害していないかどうかを確認します。無断で他者の作品を使用することは避け、必要な許可を得るようにしましょう。例えば、インターネット上で見つけた画像をそのまま使用するのではなく、適切なライセンスを持つ画像を選ぶ必要があります。フリー素材などを使う時は、必ず商業利用OKという記載がある画像素材から利用して下さい。筆者のおすすめは、PhotoACという素材サイトがお勧めです。日本人のモデルが多くいるのと、有料版の場合は動画も素材で使えるようになるため非常にオススメのサイトです。

PhotoAC　https://www.photo-ac.com/

Facebook個人 アカウントの初期構築

ここからはさっそく、Meta広告を出稿するための準備を
行っていきましょう。Meta広告の運用のためにまず必要
なのは、Facebookの個人アカウントです。

1人1アカウント制度を守る

Facebookが1人1アカウント制度であることはすでにお伝えしまし
た。アカウントの信頼性を高め、他のユーザーから信用してもらうた
めにも、このルールを守りましょう。

複数のアカウントを作成してしまうと、Facebookから警告を受けた
り、アカウントが停止されたりするペナルティを受ける可能性があり
ます。また、同じ人物が複数のアカウントを持っていると、どちらが
本物なのか判断がつきにくくなります。これでは、せっかく築いた信
頼関係が損なわれてしまいます。

一方で、1人1アカウント制度を守ることで、自分の実在性を証明す
ることができます。相手も安心して自分とコミュニケーションを取っ
てくれるようになるでしょう。ビジネスにおいては特に、アカウント
の信頼性が重要視されます。1人1アカウント制度を守ることは、ビジ
ネスチャンスを広げるためにも欠かせません。

Facebook個人アカウントを開設したらやること

Facebook個人アカウントを開設したら、まずはプロフィール情報を
丁寧に入力しましょう。プロフィールとは、自分自身の情報を他のユ
ーザーに公開するためのページのことです。具体的には、氏名、プロ
フィール写真、カバー写真、職業、学歴、出身地、現住所、連絡先な

どの情報を入力します。

　プロフィール情報の入力は、単なる作業ではありません。自分をアピールするための重要な手段だと考えましょう。特に、ビジネス目的でFacebookを活用する場合は、プロフィール情報の内容が大きな影響を与えます。Meta広告を運用する上でも、名前は運転免許証やマイナンバーといった顔付き身分証明書と一致する実名で登録することが必要だったり、プロフィールアイコンの画像は自分の顔がしっかりとわかる写真がよかったりします。

　他にも例えば、起業家であれば、自分の事業内容や実績、ビジョンなどを明確に記載することが大切です。また、フリーランスであれば、提供しているサービス、連絡先などを詳しく書くことで、潜在的な顧客を引き付けることができるでしょう。

プロフィール情報の入力時の注意点

　ここでは、プロフィール情報の各項目について、より詳しく説明していきます。まず、氏名の入力は、先程も書きましたが実名を使用することが原則です。ペンネームやニックネームを使用すると、アカウントの信頼性が下がってしまいますし、Meta広告はアカウント停止になった後、本人確認作業が入るのですが、そちらの本人確認で顔付き身分証明書と名前やプロフィールアイコン写真が一致しないと、高い確率で審査NGになってしまいます。ただし、芸名やビジネス上の名称など、一般的に認知されている名前であれば、実名と併記する形で使用しても問題ありません。

　次に、プロフィール写真とカバー写真の選択も重要なポイントです。プロフィール写真は、自分の顔がはっきりと映っている写真を使用しましょう。笑顔の写真であれば、好感度がアップします。一方、カバー写真は、自分の個性や専門性をアピールできる画像を選ぶのがおす

すめです。

　プロフィール写真とカバー写真は、定期的に更新することも大切です。同じ写真を長期間使用していると、マンネリ化してしまいます。季節や年齢に合わせて、写真を入れ替えていくことで、新鮮な印象を与え続けることができるでしょう。

　職業欄の記入も、プロフィール情報の中でも特に重要な項目の1つです。ここでは、現在の職種や役職、所属企業などを正確に記載します。また、過去の職歴や実績があれば、それらも簡潔にまとめて書くと良いでしょう。

　学歴欄には、最終学歴だけでなく、大学院や専門学校などの情報も記載します。ただし、卒業年次まで詳しく書く必要はありません。学校名と学位、専攻分野を明記すれば十分です。

　出身地や現住所の情報は、プライバシーに配慮しながら記載しましょう。特に、現住所については、市区町村レベルまでの記載にとどめることをおすすめします。また、連絡先の情報は、基本的にはメールアドレスのみを公開するようにしましょう。電話番号や住所は、信頼できる相手にのみ伝えるべきです。

2段階認証を2つ以上行う

　Facebook個人アカウントのセキュリティを強化するために、2段階認証を設定することが強く推奨されています。2段階認証とは、パスワードに加えてもう1つの認証方法を使用することで、不正アクセスを防ぐための仕組みのことです。

　Facebookでは、SMSによる認証コードの受信や、Google Authenticatorなどの専用アプリを使用した認証など、複数の方法が用意され

ています。これらの中から、自分が利用しやすい方法を選んで設定しましょう。

　ただし、セキュリティの観点からは、できるだけ2つの認証方法を併用することが推奨されています。1つの認証方法だけでは、万が一その方法が突破されてしまった場合、アカウントが危険にさらされてしまいます。複数の認証方法を組み合わせることで、そのようなリスクを最小限に抑えることができます。

　例えば、SMSによる認証コードの受信と、Google Authenticatorアプリによる認証を併用するのがおすすめです。これらの方法は、それぞれ別のデバイスを使用するため、たとえ1つのデバイスが盗まれたり、ハッキングされたりしても、もう1つの方法でアカウントを保護することができます。

　2段階認証を設定する際は、信頼できるデバイスを登録しておくことも重要です。信頼できるデバイスとは、自分が普段使っているパソコンやスマートフォンのことを指します。これらのデバイスからログインする際は、2段階認証を省略できるようになります。

Facebookグループに参加する

　Facebook個人アカウントを開設したら、次はグループ機能を活用してみましょう。グループとは、共通の趣味や関心を持つユーザーが集まり、情報交換や交流を行う場のことです。Meta広告を運用する上で最も基本的な考えとして持っておかないといけない考え方が、「個人アカウントを楽しむ」ことです。Facebook個人アカウントの機能を最大限活用して楽しむことが、Meta側にこのユーザーは機械が運用しているのではなく、ちゃんと人が運用している優良なユーザーだよ、と見せることができるからです。Facebookグループに参加することもその一端です。

　Facebookには、実に多種多様なグループが存在します。例えば、特

定の地域に住む人々のコミュニティや、同じ職業や業界に従事する人々の集まり、同じ学校の卒業生のネットワークなど、さまざまなテーマのグループがあります。

　特に、ビジネス目的でFacebookを活用する場合は、自分の専門分野に関連するグループに参加することがおすすめです。

　グループ内では、積極的に発言や投稿を行うことで、自分の存在をアピールすることができます。ただし、単に自分の意見を押し付けるのではなく、他のメンバーの意見にも耳を傾ける姿勢が大切です。建設的な議論を心がけ、グループ全体の発展に貢献するような発言を心がけましょう。

　Facebookのグループ機能は、個人アカウントを活用する上で非常に重要な要素です。自分の興味関心に合ったグループを見つけ、積極的に参加することで、Facebookでの活動の幅が大きく広がるはずです。ただし、グループ内のルールやマナーは必ず守るようにしましょう。

いつもの場所・PC・ネットワーク環境で繋げる

　Facebook個人アカウントを安全に利用するためには、アクセス方法にも気をつける必要があります。できるだけ、いつも使っているデバイスやネットワーク環境からアクセスするようにしましょう。

　例えば、自宅のPCや、普段使っているスマートフォンからFacebook個人アカウントにログインするのが理想的です。これらのデバイスは、自分が管理しているので、セキュリティ面でも安心です。

　一方、インターネットカフェや図書館、ホテルなど、公共の場所にあるパソコンからのアクセスは避けた方が無難です。他人が使用した後のパソコンには、キーロガーなどのマルウェアが仕込まれている可能性があります。そのようなパソコンでパスワードを入力してしまうと、悪意ある第三者に盗み見られてしまう恐れがあります。

また、公共のWi-Fiを使ってFacebookにアクセスするのも、セキュリティ上のリスクが高いと言えます。公共のWi-Fiは、暗号化されていないことが多いため、通信内容を傍受されてしまう可能性があります。

Facebookページの 初期構築

次はFacebookページの初期設定を行います。Meta広告の成果にも影響するため、全ての登録情報をしっかりと入力し正しく運用しましょう。

FBページの初期設定について

　Facebookページ（FBページ）は、企業や団体、個人が自分のブランドやサービス、活動などを宣伝するために使用するウェブページです。ただし、FBページの作成には、いくつかの注意点があります。

　特に、ページの登録情報をしっかりと入力することが重要です。登録情報が不十分なままMeta広告の出稿に進んでしまうと、規約違反になってしまう恐れがあります。

■ ① プロフィール画像とカバー写真の設定

　FBページを作成した後、プロフィール画像とカバー写真を設定しましょう。プロフィール画像は、ページを代表する画像です。企業のロゴや商品の画像などを使用するのが一般的です。

　プロフィール画像のサイズは、180×180ピクセルが推奨されています。ただし、実際にアップロードする画像は、720×720ピクセル以上の大きさが必要です。画像は、できるだけ高解像度のものを用意しましょう。

　カバー写真は、FBページの上部に表示される大型の画像です。ブランドイメージを伝えるための重要な要素となります。カバー写真のサイズは、820×312ピクセルが推奨されています。

　カバー写真は、定期的に更新することをおすすめします。季節に合わせたデザインにしたり、新商品の宣伝に活用したりするのも効果的

です。

FBページの見本

■ ②「ページの健全性を確認しましょう」セクションの入力

　プロフィール画像とカバー写真の設定が完了したら、次は「ページ
の健全性を確認しましょう」セクションの入力を行います。FBページ
の必須の詳細情報を入力することができます。説明を追加では、ペー
ジの説明文を入力します。企業の概要や、提供しているサービス、商
品の特徴などをわかりやすく説明しましょう。

　位置情報の項目では、企業の住所や連絡先を入力します。実店舗が
ある場合は、住所を正確に入力することが重要です。こちらの項目は
全てどこまで入力したのか、というのが14ステップで今どれだけ入力
できているのか？　が画面上で見られるようになっています。できる
だけ詳細に行うことが大切です。情報が不足していると、Meta広告で
規約違反になることが多いため、全ての項目を入力して下さい。

必ず出稿前に全て完了
させる必要がある

■ ③ページの公開設定

　以上の手順でFBページの初期設定が完了したら、最後にページの公
開設定を行います。公開設定では、ページの公開範囲を選択すること
ができます。

　公開範囲は、「公開」「未公開」「ページ未公開」の3つから選択でき
ます。「公開」に設定すると、誰でもページを閲覧できるようになりま
す。「未公開」に設定すると、管理者が承認したユーザーのみがページ

を閲覧できます。「ページ未公開」に設定すると、管理者のみがページを閲覧できます。

　通常は、「公開」に設定するのが一般的です。ただし、ページの準備が完了するまでは、「ページ未公開」に設定しておくと良いでしょう。公開設定が完了したら、いよいよFBページを公開します。「公開する」ボタンをクリックすれば、ページが公開されます。

　以上が、FBページの初期構築方法についての解説です。ポイントをまとめると、以下の通りです。

- ページの登録情報を詳細に入力する
- プロフィール画像とカバー写真を魅力的なデザインにする
- 「ページの健全性を確認しましょう」セクションで、ページの詳細情報を入力する
- 公開設定で、ページの公開範囲を選択する

　これらの手順を丁寧に実行することで、魅力的なFBページを作成することができます。ただし、FBページの運用には、継続的な努力が必要です。定期的に投稿を行ったり、ユーザーからのコメントに返信したりすることで、ページの活性化を図ることが大切です。

Metaのビジネス
アカウントの初期構築

ビジネスアカウント内にもルールがあります。正しく理解し、きちんと設定を行う必要があります。

クレジットカードの登録方法

　Meta広告のビジネスアカウントを利用するためには、クレジットカードの登録が必要不可欠です。クレジットカードを登録することで、広告の掲載や各種機能の利用が可能となります。

　クレジットカードの登録方法は、以下の手順で行います。

01

Metaのビジネスアカウントにログインし、「請求と支払い」という画面を開きます。

02 該当の広告アカウントを右上で選択し、「支払い設定」の項目をクリック選択します。

03

画面中央に「支払い方法を追加」ボタンがあるのでクリックします。

04 クレジットカード情報を入力します。

　クレジットカード情報の入力では、カード番号、有効期限、セキュリティコード（CVV）、カード名義人の名前を正確に入力する必要があります。これらの情報は、クレジットカードの表面と裏面に記載されています。

　カード番号は、通常16桁の数字です。有効期限は、月と年で表示されています。セキュリティコードは、カードの裏面に記載されている3桁または4桁の数字です。カード名義人の名前は、カードに記載されている名前と完全に一致している必要があります。クレジットカード

情報の入力が完了したら、クレジットカードの登録は完了です。

　ただし、クレジットカードの登録には注意点があります。まず、登録できるクレジットカードは、本人名義のものに限られます。他人名義のカードを登録することはできません。

　また、クレジットカードの種類にも制限があります。Metaのビジネスアカウントでは、VISA、Mastercard、American Express、JCBの4種類のクレジットカードが利用可能です。これら以外のクレジットカードを登録することはできません。

　クレジットカードの有効性を確認するために、Metaでは1ドルの仮押さえ（オーソリゼーション）が行われます。この仮押さえは、実際の課金ではありません。通常、数日以内に自動的に解除されます。クレジットカードの登録が完了すると、広告の掲載や各種機能の利用が可能となります。ただし、利用可能な機能は、アカウントの種類によって異なります。

ビジネスアカウントのビジネス設定は全ての項目を入力する

　Metaのビジネスアカウントを利用するためには、ビジネス設定の全ての項目を入力する必要があります。ビジネス設定では、企業情報や連絡先、支払い方法などを登録します。

　ビジネス設定の入力は、以下の手順で行います。

1. Metaのビジネスアカウントにログインし、設定画面を開きます。
2.「ビジネス設定」の項目を選択します。
3. 各項目の情報を入力します。
　ビジネス設定では、以下の項目を入力する必要があります。

- 正式なビジネス名
- ビジネスの住所
- ビジネスの電話番号
- ウェブサイトURL

　これらの項目は、全て必須項目です。どれか1つでも入力が漏れていると、ビジネス設定を完了することができません。

　まずビジネス名は、企業の正式名称を入力します。個人事業主の場合は、屋号を入力します。ビジネスの住所は、企業の登記上の住所を入力します。

　連絡先電話番号は、Meta側から連絡が取れる情報を入力します。これらの情報は、アカウントの認証やセキュリティ上の問題が発生した際に使用されます。

　ウェブサイトURLは、企業のWebサイトのURLを入力します。Webサイトを持っていない場合は、空欄のままでも構いません。

　ビジネス設定の入力が完了したら、情報を保存します。これで、ビジネス設定の登録は完了です。

　ビジネス設定の入力は、Metaのビジネスアカウントを利用するための重要なステップです。全ての項目を正確に入力し、必要な情報を漏れなく登録することが大切です。入力漏れなどが発生していると、こ

ちらの情報を入力していないことで広告出稿してから半年後や一年後にアカウント停止になることはよくありますので、注意が必要です。

次に、ビジネス設定画面の中央にビジネスオプションがあり、二段階認証という項目があります。こちらは初回「なし」という形になっているのですが、「すべてのユーザー」に変更が必要です。

ビジネスオプション

二段階認証
使用したことのないブラウザーからビジネスマネージャにアクセスする際にログインコードの入力を求めます。
すべてのユーザー ▼

ページとお知らせ
ページとビジネスマネージャでビジネスのお知らせの確認ができるようになります。この設定がオフになっている場合、ビジネスのお知らせを確認できるのはビジネスマネージャでのみです。

基本データ
株式会社EnloopAdから自分を削除

名前
Osaki-Press 西村
メールアドレス
atsushi.nishimura@osaki-press.co.jp
✎ 編集

ページとお知らせ
ビジネスのお知らせをページとビジネスマネージャに表示します。この設定がオフになっている場合、ビジネスのお知らせはビジネスマネージャでのみ確認できます。

セキュリティ
二段階認証が必要です。
ログインコードの送信方法

また、メールアドレスの認証が完了していない場合は、メールアドレスの編集ボタンから、認証メールを送信させることが可能なので、必ず認証完了させるようにして下さい。

広告アカウントの独自ルールについて理解する

Metaのビジネスアカウントを利用して広告を掲載する際は、広告アカウントの独自ルールについて理解しておく必要があります。広告アカウントには、広告の内容や掲載方法に関する様々な制限があります。

まず広告アカウントとは、例えていうなら商品を営業する際の営業マンのような存在のアカウントです。ビジネスアカウントが会社で、広告アカウントは営業マンです。このような営業マンがいて初めて商

品が宣伝できるようになるイメージで考えて頂くと分かりやすいと思います。

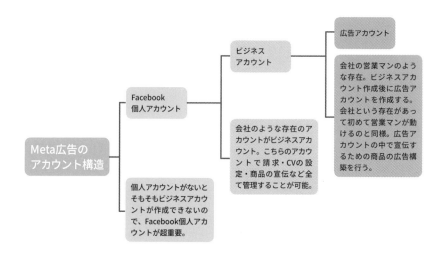

そして、広告アカウントの主なルールは、以下の通りです。

■ 広告の内容に関するルール

広告アカウントで作成する商品の内容は、Meta広告のコミュニティ規定に準拠している必要があります。以下のような内容を含む広告は、掲載が制限または禁止されています。

- 暴力的、差別的、攻撃的な内容
- 誤解を招く、または虚偽の情報を含む内容
- 違法な商品やサービスの宣伝
- 成人向けの商品やサービスの過度な宣伝
- 知的財産権を侵害する内容

これらのルールに違反する広告を掲載すると、広告が承認されなかったり、アカウントが停止されたりする可能性があります。最悪の場

合、永久的にMeta広告が使えなくなる可能性もあります。

■ 広告の掲載方法に関するルール

　広告の掲載方法にも、いくつかのルールがあります。以下のような行為は、禁止されています。

- 異なる広告アカウントから同じ広告を掲載する行為
- 同一の広告アカウントから全く違う商品を掲載する行為
- 広告のクリック率を不正に操作する行為

　これらの行為は、広告の効果を損なうだけでなく、アカウントの信頼性を下げる原因にもなります。異なるアカウントで同じ商品を掲載したり、同一のアカウントで全く別の商品を販売するのは、基本的には禁止されています。広告アカウント1つに対して販売できる商品は基本的には1つだと認識して下さい。例えば、同一ドメインでサブドメイン・サブディレクトリでURLが派生している、同じ会社の別商品を販売する場合は例外です。

・OKの場合
www.enloopad.co.jp/lp1
www.enloopad.co.jp/lp2

・NGの場合
www.enloopad.co.jp/lp1
www.test.co.jp/lp1

　要は別の会社の商品を自社の広告アカウントで回すのは禁止されているということです。2024年3月現在、ドメイン認証（ドメインの所有者であることをMetaに認識してもらうための手続き）という機能は

なくなったのですが、現在もNG例のような運用は避けるのが良いです。また、ビジネス設定で会社情報を入力しているので、別の会社情報の入っているビジネスアカウントで別の会社の広告を出稿すると、整合性が取れないため禁止されています。

　また、クリック率を不正に操作する行為も禁止されています。広告出稿されている画像や動画を、FacebookやInstagramアカウント上で人為的にクリックをすることです。例えば自社の既存のお客様に広告出稿したタイミングでクリックをお願いしたりすると、Meta広告のAIが機械的・人為的に操作されていると反応します。あとは例えば1日にいいねや保存、シェアが集まりすぎるのもよくありません。人為的に行われていると見られて、結果的に品質スコアが下がり、広告の数値が悪化することがありますので、注意が必要です。

■ 広告の審査に関するルール

　Metaに掲載する広告は、全て審査の対象となります。審査では、広告の内容や掲載方法が規定に準拠しているかどうかがチェックされます。広告の審査には、通常1〜2日かかります。審査に通過した広告のみが、実際に配信されます。審査に通過しなかった広告は、修正が必要です。

　広告の審査は、広告の内容だけでなく、広告のリンク先ページであるLPやHPの内容も対象となります。リンク先ページの内容が不適切だと判断された場合、広告は承認されません。

　以上のような、広告アカウント自体が持っている独自ルールを理解し、適切に運用することが、効果的な広告配信につながります。ルールに違反するような広告を掲載すると、アカウントが停止されるリスクもあります。

　広告の内容や掲載方法については、常に注意を払い、何か不明な点があれば、Metaのヘルプセンターを参照したり、サポートに問い合わせたりすることをおすすめします。

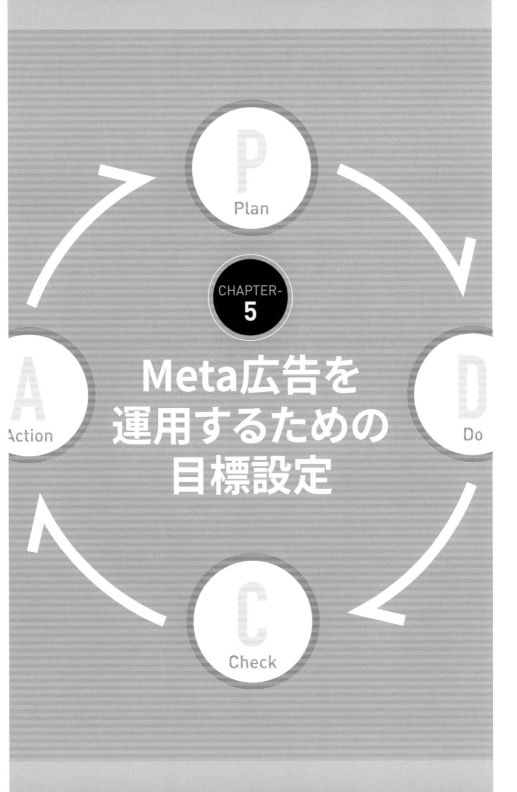

P
Plan

CHAPTER-
5

Meta広告を
運用するための
目標設定

A
Action

D
Do

C
Check

成果を出すための計画を立てる

SECTION 01

まずは、Meta広告で正しくPDCAを回すためのP、Planの構築を行っていきます。ここでは、Meta広告を運用する上で必要な目標や予算、ターゲットなどを決めていきます。

まずは商品を販売する流れを決める

　Web集客の普及により、多くの企業がWeb上で商品やサービスを販売するようになりました。しかし、単にWebサイトを作成し、商品を並べるだけでは、効果的な販売につながりません。そこで重要になるのが、販売の設計図となるマーケティングフローの作成です。

Web広告のマーケティングファネルとは

　まずマーケティングフローを作成する前に、自身がターゲット設定したいお客様はどういったニーズを持っているのかを、マーケティングファネルという概念を用いて考えます。

　マーケティングファネルとは、潜在的な顧客を実際の購入者へと導くプロセスを視覚化したものです。これは、じょうごの形に似ていることから、ファネル（じょうご）と呼ばれています。Web広告におけるマーケティングファネルは、一般的に以下の4段階で構成されます。

■ 認知

　潜在的な顧客にブランドや商品の存在を知ってもらう段階です。この段階では、バナー広告やSNS広告などを通じて、幅広くアプローチを行います。広告のクリエイティブは、ターゲット層の興味を引くデザインや文言を使用し、ブランドや商品の魅力を効果的に伝えること

が重要です。また、広告の配信先やターゲティング条件を適切に設定することで、効率的にリーチを獲得することができます。

■ 興味、関心

　商品やサービスに興味を持ってもらう段階です。この段階では、リスティング広告やリターゲティング広告などを活用し、詳細な情報を提供します。リスティング広告では、ターゲット層が検索するキーワードを適切に選定し、広告文やランディングページを最適化することが重要です。リターゲティング広告では、サイトに流入したユーザーに類似したユーザーに広告を出したり、購入者リストがあればその購入者に近いユーザーに配信してくれる広告なので、最適化することができます。

■ 比較、検討

　商品やサービスの購入を検討してもらう段階です。この段階では、商品の特徴や価格、お客様の声などを掲載し、他社との比較検討を促します。商品ページの情報は、ターゲット層の購買行動に影響を与える重要な要素です。商品の特徴や利点を明確に伝え、実際の使用シーンや質の良いお客様の声を掲載することで、購入意欲を高めることができます。

■ 行動

　実際に商品を購入してもらう段階です。この段階では、わかりやすい購入手順や安心して買い物ができる環境を整え、スムーズな購買体験を提供します。購入手順は、できる限りシンプルかつ直感的なものにし、途中で離脱することを防ぐ必要があります。また、SSL証明書の導入やプライバシーポリシーの掲示により、安心して個人情報を入力できる環境を整えることも重要です。さらに、クレジットカードや銀行振込、コンビニ払いなど、多様な決済方法を用意することで、購

入のハードルを下げることができます。

　マーケティングファネルの各段階では、ターゲット層の行動パターンや心理状態に合わせた施策を展開することが重要です。例えば、認知段階では、ターゲット層の興味を引くようなクリエイティブを使用し、広告の露出を高めることが求められます。興味段階では、ターゲット層の関心事や悩みに対応した情報を提供し、ブランドへの好感度を高めるといった具合です。

マーケティングフローを作成する

　次にマーケティングファネルを基に、より具体的なマーケティングフローを作成します。マーケティングフローとは、商品を販売するにあたり、Web集客での設計図のようなものです。以下は、マーケティングフローの一例です。

■ マーケティングフローの一例

　Meta広告→特典を渡してメールアドレスやLINE登録してもらうためのLP→メールやLINEのステップメール→個別相談や説明会→成約

　マーケティングフローを作成する際のポイントは、自社の商品やサービスの特性、ターゲット層の行動パターンなどを考慮し、最適な施策を選択することです。またその際には、各施策1つ1つの効果をしっかりと測定し、PDCAサイクルを回しながら、中長期に渡って継続的な改善を行っていきましょう。

　Meta広告を活用した商品販売は、マーケティングファネルとマーケティングフローを基盤として、体系的に取り組むことが非常に重要です。これにより、効率的に潜在顧客を獲得し、売上の拡大につなげることができるでしょう。ただし、マーケティングファネルやマーケティングフローは、あくまでも基本的な枠組みであり、自社の商品やサービス、ターゲット層に合わせてカスタマイズすることが重要です。また、市場環境や顧客ニーズの変化に合わせて、柔軟に施策を見直し、改善を図ることも必要不可欠です。

　マーケティングファネルとマーケティングフローを活用し、PDCAサイクルを回しながら、継続的に施策を最適化していくことが、Meta広告を活用した成功の鍵となるでしょう。

さまざまな目標設定を行う

5

SECTION
02

Meta広告を活用する際、明確な目標設定が非常に重要です。獲得したい目標の数字を具体的に決め、広告の効果を測定し、改善するための指標を作ります。

目標で考慮したいポイント

　これからMeta広告を活用する前に必ず行っておきたいのが目標設定です。目標設定がないと、広告の効果を正しく測ることができず、どのような改善を行えばいいかもわからなくなります。目標設定を行う場合、次の3つのことに考慮し設定してください。

■（1）現実的な目標を設定し期間を明確にする

　目標設定は達成可能な範囲で設定することが大事です。高すぎる目標はモチベーションを下げることもあるので気をつけてください。また、進捗状況を確認するために期間も明確にしておきましょう。

■（2）目標の優先順位をつけ、数字だけでなく質的な目標も設定する

　目標が複数ある場合は必ず優先順位を設けた上で取り組みます。例えば「売上目標を最優先し、次にリスト獲得数、最後にエンゲージメント数に注力する」という風に決めておくと、今何に取り組めばいいかが見えてきます。

■（3）目標達成までと達成後の計画を立てる

　目標設定をしたら、それを達成するためのアクションプランも立ててください。具体的な施策や実行スケジュールを決めることで、着実に前進することができます。

また、仮に目標が達成できたら、それで終わりにせず次のステップを考えましょう。常に次の目標を見据えることで、絶えずビジネスを成長させていくことができます。

Meta広告における目標設定の具体例

■ リストの獲得数

メールアドレスやLINE登録者数などのリストを獲得することは、Meta広告の重要な目的の一つです。目標となるリスト数を具体的に設定しましょう。例えば、「1ヶ月で100件のメールアドレスを獲得する」や「3ヶ月で1,000件の LINE 公式アカウントの友だち追加を獲得する」といった具合です。リストの獲得は、長期的なビジネスの成長に欠かせません。

■ 商品やサービスの売上目標

Meta広告を利用して、商品やサービスの売上を伸ばすことも重要な目的です。売上目標を具体的に設定しましょう。例えば、「3ヶ月で100万円の売上を達成する」や「1ヶ月で50件の商品購入を獲得する」といった具合です。売上目標は、ビジネスの収益に直結するため、特に重要な指標と言えます。

■ ウェブサイトへの流入数

Meta広告を利用して、自社のウェブサイトへの流入数を増やすことも大切な目的です。目標となる流入数を具体的に設定しましょう。例えば、「1ヶ月で500人サイトにきてもらう」や「1日あたり100人の新規訪問者を獲得する」といった具合です。ウェブサイトへの流入数は、潜在顧客の獲得につながります。

■ エンゲージメント数

　Meta広告を利用して、ソーシャルメディア上でのエンゲージメント（いいね！、コメント、シェアなど）を増やすことも重要な目的です。目標となるエンゲージメント数を具体的に設定しましょう。例えば、「1広告あたり100件以上のいいね！を獲得する」や「1ヶ月で20件のコメントを獲得する」といった具合です。エンゲージメントは、ブランドの認知度や視認性アップ、好感度の向上につながります。

■ 動画の再生数

　動画広告を利用する場合は、再生数も重要な指標です。目標となる再生数を具体的に設定しましょう。例えば、「1ヶ月で10,000回の動画再生を達成する」や「1動画あたり1,000回以上の再生を獲得する」といった具合です。動画再生数は、ブランドメッセージの浸透度合いを測る指標になります。

■ 広告のクリック率

　広告のクリック率（CTR）は、広告の効果を測定する重要な指標の一つです。目標となるクリック率を具体的に設定しましょう。例えば、「広告のクリック率を3％以上にする」や「業界平均の2倍のクリック率を達成する」といった具合です。クリック率は、広告の画像や動画の訴求力を示す指標と言えます。

■ コンバージョン率

　最終的な目標であるコンバージョン（商品の購入、資料請求、会員登録など）の達成率も重要な指標です。目標となるコンバージョン率を具体的に設定しましょう。例えば、「ウェブサイトへの流入者のうち、5％以上を会員登録に導く」や「広告のクリック数のうち、2％以上を商品購入に結びつける」といった具合です。

■ ライフタイムバリュー（LTV）

　長期的な視点で見た顧客一人あたりの生涯価値であるライフタイムバリュー（LTV）も、重要な指標の一つです。目標となるLTVを具体的に設定しましょう。例えば、「新規顧客のLTVを10万円以上にする」や「既存顧客のLTVを20％向上させる」といった具合です。LTVを高めることで、ビジネスの持続的な成長が可能になります。

■ 広告獲得コスト（CPO）

　広告を利用して新規顧客を獲得する際に、1件あたりにかかるコストを広告獲得コスト（CPO）と呼びます。目標となるCPOを具体的に設定しましょう。CPOが高いと、1件の注文を獲得するためのコストが高いということなので、よくない状態です。目標の決め方としては、例えば、「CPOを1万円以下に抑える」や「CPOを業界平均の半分以下にする」といった具合です。CPOを最適化することで、広告の費用対効果を高めることができます。

■ 投資収益率（ROI）

　広告に投資した額に対して、どれだけの収益を得られたかを示す指標が投資収益率（ROI）です。

　ROIの計算式は「利益額÷投資額×100」になります。ではここでいう利益はどのように出すかというと、売上金額から原価と投資額を引いたものです。たとえば売上金額が2000万円、原価が800万円、投資額が400万円だとすると、利益額は800万円です。

　そのためROIは800万÷400万×100で200％となります。この数値が高いほど費用対効果が高いと言えます。そのため数値が高い施策を重視した方がよいわけです。

　ROIは、広告投資の妥当性を判断する上で重要な指標になります。

5 ターゲット設定を行う

SECTION
03

ターゲット設定は、Meta広告でどのようなユーザーを獲得するかを決める重要なプロセスです。ここでは、ターゲット設定する方法とペルソナを決める方法を知りましょう。

ターゲット設定はできるだけ細かく設定する

　Meta広告では、ユーザーの属性や行動に基づいて細かくターゲット設定を行うことができます。主なターゲット設定の項目は以下の通りです。

■ 地域

　広告を表示する地域を国、県、市区町村レベルで指定できます。ビジネスの対象エリアに合わせて設定しましょう。例えば、東京都内でのみ店舗を展開しているローカルビジネスの場合、東京都とその周辺エリアに絞ってターゲット設定を行うことで、効率的に広告を配信できます。

■ 年齢と性別

　ユーザーの年齢と性別を指定できます。商品やサービスの主要な購買層に合わせて設定します。例えば、化粧品ブランドの場合、主要ターゲットが20代〜40代の女性であれば、その年齢層と性別に絞ってターゲット設定を行うことで、より関心の高いユーザーにリーチできます。

■ 言語

　ユーザーの使用言語を指定できます。多言語に対応している場合は、

言語ごとにターゲット設定を行うと効果的です。例えば、日本語と英語に対応しているWebサイトの場合、日本語ユーザーと英語ユーザーそれぞれに適した広告を配信できます。

■ 関心事

ユーザーの関心事に基づいてターゲット設定ができます。例えば、「旅行」に関心のあるユーザーを対象にするなどです。Facebook上でユーザーが「いいね！」したページやクリックした広告などから、関心事を推測してターゲット設定に活用できます。

■ 行動

ユーザーの行動履歴に基づいてターゲット設定ができます。例えば、「オンラインで購入した」ユーザーを対象にするなどです。Meta広告では、Facebookピクセルと呼ばれる追跡タグを自社のWebサイトに設置することで、サイト訪問者の行動履歴を取得できます。この行動履歴を元にターゲット設定を行うことで、購買意欲の高いユーザーにアプローチできます。

■ カスタムオーディエンス

自社のWebサイトやアプリを訪問したユーザーをカスタムオーディエンスとして設定できます。既存顧客やエンゲージメントの高いユーザーにリーチできます。例えば、過去に商品を購入したことのあるユーザーをカスタムオーディエンスとして設定し、新商品の告知や限定オファーの案内を行うことで、リピート購入を促せます。

これらの項目を組み合わせることで、より精度の高いターゲット設定が可能になります。例えば、「東京都在住の20代女性で、美容に関心があり、オンラインで化粧品を購入したことがある」といった具合です。

ただし、ターゲット設定を細かくしすぎると、リーチできるユーザー数が減ってしまう可能性があります。商品やサービスの特性に合わせて、適度な範囲でターゲット設定を行うことが重要です。広告の目的に応じて、ターゲット設定の幅を調整しましょう。

　ターゲット設定を行う上で、さらにペルソナを決めることが効果的です。ペルソナとは、ターゲットとなるユーザーの典型的な人物像のことです。ペルソナを設定することで、ターゲットユーザーのニーズや悩みを具体的にイメージできるようになります。

　ペルソナを決める際は、以下の項目を設定します。

■ 名前

　ペルソナに名前を付けることで、より具体的にイメージできるようになります。例えば、「田中一郎さん」「鈴木花子さん」といった具合です。

■ 年齢と性別

　ペルソナの年齢と性別を設定します。年齢は具体的な数字で設定するのが効果的です。例えば、「35歳の男性」「28歳の女性」といった具合です。

■ 職業と年収

　ペルソナの職業と年収を設定します。これにより、購買力や生活スタイルをイメージできます。例えば、「年収600万円の会社員」「年収800万円の経営者」といった具合です。

■ 家族構成

　ペルソナの家族構成を設定します。独身なのか、結婚しているのか、子供がいるのかなどを決めます。例えば、「独身」「夫婦のみ」「夫婦と

子供2人」といった具合です。

■ 趣味と関心事

　ペルソナの趣味と関心事を設定します。これにより、どのような商品やサービスに興味を持つかをイメージできます。例えば、「ゴルフ」「料理」「海外旅行」といった具合です。

■ 悩みと課題

　ペルソナの抱えている悩みや課題を設定します。商品やサービスがどのように問題を解決できるかを考えるヒントになります。例えば、「30代の会社員女性で、結婚して子供が一人いる。仕事と家事の両立に悩んでおり、時短レシピや家事代行サービスに興味がある」といったペルソナを設定することで、ターゲットユーザーのニーズに合わせた広告を制作できるようになります。

　ターゲット設定とペルソナ設定は、広告運用の基礎となる重要な作業です。ただし、設定したからといって必ず成果が出るわけではありません。広告のクリエイティブや配信設定など、他の要素も合わせて最適化していく必要があります。

　Meta広告は、ターゲット設定の自由度が高く、細かなユーザー層にアプローチできる点が強みです。この強みを活かすためにも、ターゲット設定とペルソナ設定には十分な時間と労力をかける必要があります。効果的な広告運用を実現し、ビジネスの成長につなげていきましょう。

広告予算を決める

5

SECTION
04

次に広告の予算を決めていきます。目標売上に対して、広告にいくら費用をかければ良いのかシミュレーションを行い、予算を決定させます。

Meta広告の試算シミュレーションを行う

Meta広告の試算シミュレーションを行うことは、目標売上を達成するために必要な広告予算を決定する上で非常に重要なステップです。このシミュレーションでは、過去のデータや市場動向、競合他社の動向などを分析し、最適な広告予算を算出します。

まず、目標売上を設定します。これは、広告キャンペーンを実施することで達成したい売上高のことです。目標売上は、過去の売上実績や市場規模、競合他社の動向などを考慮して現実的な数値を設定する必要があります。目標売上を設定する際には、自社の商品やサービスの強みや弱みを把握することが重要です。自社の商品やサービスがターゲットとする顧客層のニーズに合っているか、競合他社と比べてどのような優位性があるかを分析し、それを踏まえて目標売上を設定します。

次に、広告の単価を決定します。Meta広告では、クリック単価（CPC）やインプレッション単価（CPM）などの課金方式があります。課金方式によって広告の単価は異なるため、自社の商品やサービスの特性に合った課金方式を選択することが重要です。また、業界平均や競合他社の広告単価を参考にすることで、適切な単価設定が可能になります。

広告の掲載期間も重要な要素です。長期的なブランディング効果を狙う場合は、数ヶ月から数年にわたって継続的に広告を掲載する必要があります。一方、短期的な売上獲得を目的とする場合は、数週間から数ヶ月程度の集中的な広告掲載が効果的です。広告の掲載期間を決定する際には、商品やサービスのライフサイクルを考慮する必要があります。新商品の場合は、認知度を高めるために長期的な広告掲載が必要になる一方、季節限定商品の場合は、短期集中型の広告掲載が効果的です。

　また、広告の掲載場所やターゲティング設定も予算に大きく影響します。Meta広告では、Facebook、Instagram、Audience Network、messengerといった4つのプラットフォームに広告掲載できます。また、年齢、性別、興味関心、行動パターンなど、ユーザーの属性に合わせてターゲット設定を行うことができます。予算が限られている場合は、コンバージョン率の高い掲載場所やターゲットに絞って広告を配信するのが賢明です。ターゲット設定を行う際には、自社の商品やサービスがどのような顧客層にアピールできるかを十分に検討する必要があります。顧客のペルソナ（典型的な顧客像）を作成し、その属性に合わせてターゲティングを行うことで、広告の効果を最大化することができます。

　これらの要素を総合的に考慮し、シミュレーションを行います。シミュレーションでは、様々な広告予算を設定し、それぞれの予算で達成可能な売上高を算出します。この際、広告の単価、掲載期間、掲載場所、ターゲティング設定などを変更しながら、最適な組み合わせを探ります。シミュレーションを行う際には、過去のデータを活用することが重要です。過去の広告キャンペーンの結果を分析し、どのような広告手法が効果的だったかを把握することで、より精度の高いシミュレーションが可能になります。

広告の出稿期間を決める

SECTION
05

広告の出稿期間も決めましょう。どれくらいの期間広告を回せば目標売上に到達するのか、ざっくりで良いので期間を定めておくと目安ができるので回しやすいです。

シミュレーションした結果から、広告を回す期間を決める

　期間設定は、広告予算の効果的な分配と、キャンペーンの進捗管理において重要な役割を果たします。

　まず、シミュレーションの結果を詳細に分析します。シミュレーションでは、様々な広告予算と期間の組み合わせで、期待される売上高や利益率などの指標が算出されます。これらの数値を比較し、目標売上の達成に必要な最小限の期間を特定します。

　期間設定の際には、商品やサービスの特性を考慮することが重要です。一般的に、認知度の低い新商品や、購買意欲の醸成に時間がかかる高額商品の場合は、比較的長い広告期間が必要になります。一方、季節性の高い商品や、リピート購入が見込める消耗品の場合は、短期集中型の広告キャンペーンが効果的です。

　また、広告予算の制約も期間設定に影響します。予算が限られている場合は、短期間に集中的に広告を配信することで、一定の成果を上げることができます。

　さらに広告期間を設定する際には、競合他社の動向も考慮する必要があります。競合他社が同時期に大規模な広告キャンペーンを実施している場合、自社の広告が埋もれてしまう可能性があるため、競合他社のキャンペーン終了後に広告を集中的に配信するなど、戦略的な期間設定が求められます。

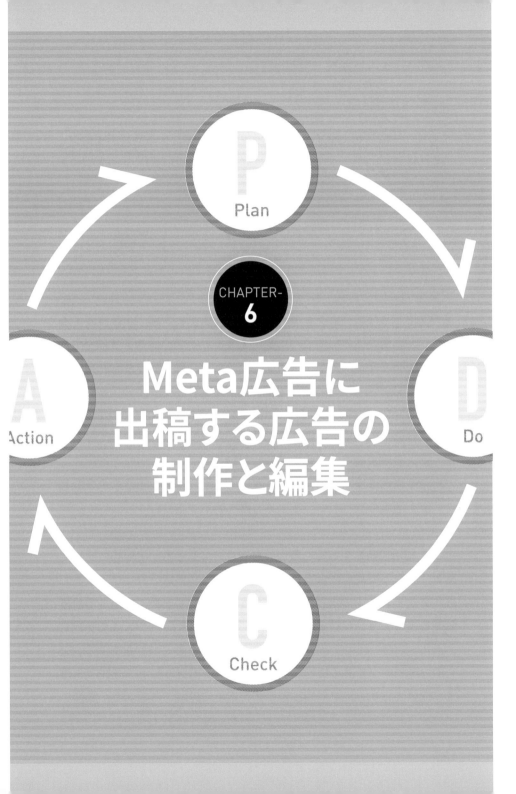

P
Plan

CHAPTER-
6

Meta広告に
出稿する広告の
制作と編集

A
Action

D
Do

C
Check

LPやステップメールを用意する

SECTION
01
広告を出稿する際、広告のリンク先となるランディングページ（LP）とステップメールなどの準備を行っていきましょう。

LPやHPは利用規約に沿って作成する

広告をクリックした人が最初に訪れるWebページの準備が必要です。LPやHPは、広告主側が提供するサービスや商品の魅力を伝え、見込み客を獲得するために重要な役割を果たします。しかし、LPを作成する際には、広告媒体の利用規約に準拠することが求められます。利用規約は広告媒体ごとに異なりますが、一般的には以下のような点に注意が必要です。

- 著作権や商標権を侵害しない
- 誇大表現や虚偽の情報を掲載しない
- 公序良俗に反する内容を含まない
- 個人情報の取り扱いに関する方針を明示する

LPも利用規約に準じている必要があり、これらの利用規約に違反すると、広告の掲載が拒否されたりアカウントが停止されたりする可能性があります。LPの内容が規約に沿っているか、十分に確認してから公開しましょう。

また、広告で利用するLPやHPはユーザーにとって分かりやすく、魅力的なデザインであることが望ましいです。見込み客がLPを訪れた際に、提供するサービスや商品の価値を素早く理解できるよう、簡潔でインパクトのあるコピーライティングを心がけましょう。また、メー

ルアドレス登録のボタンや問い合わせフォーム、カート機能など、コンバージョン（成約）につながる要素を適切に配置することも重要です。

メールステップ、LINEステップを構築する

LPから見込み客の情報を獲得した後は、メールやLINEを活用したステップ配信で、継続的にコミュニケーションを取っていきます。ステップ配信とは、一定の期間をおいて、段階的にメールやメッセージを送る手法のことです。

メールステップの例としては、以下のような流れが考えられます。

- 資料請求や無料体験の申し込みを受付後、すぐに確認メールを送信する
- 数日後、サービスや商品の特徴や利点を訴求するメールを送信する
- さらに数日後、お客様の声や導入事例を紹介するメールを送信する
- 最後に、期間限定の特別割引や特典付きのオファーメールを送信する

LINEステップも同様に、友だち追加後に段階的にメッセージを配信していきます。LINEは開封率が高いので、ステップ配信を効果的に行うことが可能です。

ステップ配信を行う際は、ターゲットとなる見込み客のペルソナ（属性や嗜好）を明確にし、それぞれの段階で適切なメッセージを届けることが大切です。また、メールやLINEの配信頻度や時間帯にも配慮し、見込み客との関係性を大切に育んでいきましょう。

広告でプレゼントする特典を用意する

　広告の効果を高めるためには、見込み客にとって魅力的な特典を用意することが有効です。特典は、LPへの誘導や成約率の向上に役立ちます。

　特典の例としては、以下のようなものが挙げられます。

- 動画教材のプレゼント
- 電子書籍やレポートのプレゼント
- 無料体験や試供品の提供
- 期間限定の割引クーポン
- オンラインセミナーやウェビナーへの招待
- プレゼントキャンペーンの実施

　特典を選ぶ際は、ターゲットとなる見込み客のニーズや関心事を考慮しましょう。また、特典の内容は、提供するサービスや商品と関連性が高いものが望ましいです。

　特典の提供方法も重要です。LPからメールアドレスを入力してもらい、特典をダウンロードできるようにするのが一般的です。また、特典の受け取りを条件に、メールやLINEの登録を促すことで、見込み客とのコミュニケーションの機会を増やすことができます。また、リストを先に手に入れることができるため、自社内のリストの数も増やすことができるため、そういった点でもメリットが大きいです。

　以上、広告に必要なLPとステップメール、そして特典の準備について解説しました。これらの要素を適切に用意することで、Meta広告の効果を高め、ユーザーとの良好な関係性を構築することができます。LPの作成、ステップ配信の設計、特典の選定など、それぞれの段階で見込み客の視点に立ち、価値提供を心がけることが大切です。

利用規約の注意のしかたと取り入れ方

6

SECTION 02

Meta広告を利用する上で、広告媒体の利用規約を理解し、遵守することは非常に重要です。

広告の審査の前提条件

Meta広告の審査で主に見られるのは、広告の内容が利用規約に沿っているかどうかという点です。審査が無事に通過するよう、次のことに注意してください。

■（1）広告主の実在性と信頼性

広告主は、偽名や虚偽の情報を使用してはいけません。また、広告主の連絡先情報（住所、電話番号、メールアドレスなど）を正確に提供する必要があります。

■（2）ランディングページの整合性

広告のリンク先となるLPは、広告の内容と整合性が取れている必要があります。つまり、広告で訴求している商品やサービスに関する情報がLPに適切に記載されていなければなりません。また、LPは広告主自身が所有・運営しているものでなければなりません。

■（3）プライバシーポリシーと利用規約の明示

プライバシーポリシーと利用規約はユーザーが容易にアクセスできる位置に配置します。クレジットカードの決済リンクをLPで促す場合は、特定商取引法の作成を行い、ユーザーがアクセスできる位置に配置する必要があります。

137

■ （4）商品・サービスの信頼性

　虚偽の情報や誇大表現は避け、商品の販売条件やサービスの提供条件を明確に示します。例えば、商品の価格、送料、返品条件などは、わかりやすく記載しましょう。サービスの場合は、提供内容、料金体系、解約条件などを明示することが求められます。

広告出稿の審査を通過するためのポイント

　前提条件を満たした上で、Meta広告の審査を通過するためには、以下のポイントに留意しましょう。

■ 広告画像とテキストは適切かどうか？

　広告で使用する画像やテキストは、公序良俗に反するものであってはなりません。暴力的、差別的、あるいは過度に性的な表現は避けましょう。また、著作権や商標権を侵害する画像や文言も使用できません。

■ 広告の目的と対象が明確になっているかどうか？

　広告の目的（商品販売、サービス提供、イベント告知など）を明確にし、ターゲットとするユーザーを適切に設定することが重要です。広告の内容がターゲットに合っていないと、審査で指摘される可能性があります。

■ 商品やサービスの説明が明確になっているかどうか？

　価格、機能、特徴など、ユーザーが知りたい情報を漏れなく記載する必要があります。曖昧な表現や誇大な主張は避けましょう。また、商品やサービスの利用条件や制限事項についても、わかりやすく説明することが求められます。

■ 公的機関や著名人の承認が適切に行われているかどうか？

　広告で公的機関や著名人の承認を主張する場合は、それが事実であることを証明する必要があります。無断で承認を主張すると、審査で問題視されるだけでなく、法的トラブルに発展する可能性もあります。公的機関や著名人の承認を得ている場合は、その証拠となる文書や画像を用意しておきましょう。

■ コンバージョン（成果）につながる工夫が行われているかどうか？

　広告の目的が商品販売やサービス利用の促進である場合、広告にコンバージョンにつながる工夫を盛り込むことが重要です。例えば、広告に「今すぐ購入」「無料トライアルに申し込む」などの明確なコールトゥアクション（行動喚起）を含めることで、ユーザーのアクションを促すことができます。また、LPでは、商品やサービスの魅力を十分に伝えた上で、スムーズに購入やお申し込みができるようにしましょう。

　広告の審査基準は随時更新されるため、常に最新の情報を確認しながら広告を配信していきましょう。

広告で利用してはいけないキーワード

　Meta広告では、特定のキーワードを広告に含めることが禁止されています。これらのキーワードを使用すると、広告が審査で却下されたり、アカウントが制限されたりする可能性があります。利用を避けるべきキーワードの例を次に挙げておきます。

■ 差別的なキーワード

　人種、民族、性別、年齢、宗教、障がいなどに基づく差別を連想させるキーワードは使用できません。例えば、「30代の女性」「老人」「外

国人」「女性向け」などのキーワードは避けましょう。これらのキーワードを使用すると、特定の属性を持つユーザーを排除したり、不当に扱ったりしているという印象を与えかねません。

■ 暴力的・犯罪的なキーワード

暴力や犯罪を連想させるキーワードも禁止されています。「殺人」「暴力」「麻薬」などの言葉は使用しないようにしましょう。これらのキーワードを含む広告は、ユーザーに不快感を与えるだけでなく、社会的な問題を助長するとみなされる可能性があります。

■ 性的なキーワード

過度に性的な内容を連想させるキーワードは避けましょう。「ポルノ」「性的興奮」などの言葉は使用できません。これらのキーワードを含む広告は、ユーザーに不快感を与えるだけでなく、青少年の健全な育成を阻害する可能性があります。

■ 誇大表現のキーワード

「最高」「No.1」「絶対」「日本一」などの誇大表現も、審査で問題視される可能性があります。商品やサービスの優位性を客観的に証明できる場合を除き、これらのキーワードは避けた方が無難です

■ その他の禁止キーワード

Meta広告では、上記以外にも様々なキーワードが禁止されています。例えば、「コピー商品」「ギャンブル」「ステロイド」などの言葉は使用できません。これらのキーワードに関連する商品やサービスは、社会的に問題があるとみなされているためです。また、医療関連のキーワードについても、慎重に使用する必要があります。「ダイエット」「ED」などのキーワードを使用する場合は、関連法規を遵守し、適切な根拠を示すことが求められます。

6 広告の文章と見出しの準備・考え方

SECTION 03

ターゲットとするユーザーに響く文章と見出しを準備しましょう。広告の目的や提供する商品・サービスの特性を踏まえつつ、訴求力のある文章を考えていきましょう。

Meta広告に使う文章と見出しを作成する

Meta広告に使用する文章と見出しを作成する際は、以下の点に留意しましょう。

■ ターゲットオーディエンスを意識する

広告文案を考える前に、ターゲットとするユーザー像（ペルソナ）を明確にしておくことが重要です。ペルソナのニーズや関心事、悩みなどを踏まえ、共感を得られるようなメッセージを考えましょう。潜在的なお悩みを解決できるような訴求にすると、ユーザーからの反応を効果的にもらえると思います。

■ 広告の目的を明確にする

広告の目的（商品の販売促進、ブランド認知の向上、ウェブサイトへの誘導など）によって、適切な文章や見出しが異なります。目的に合わせて、ユーザーに求めるアクションを明確に伝えるようにしましょう。例えば、商品販売を目的とする場合は、「今すぐ購入」「限定割引中」などの行動喚起型の表現がユーザーに相性がよかったりします。

■ 商品・サービスの特徴や利点を強調する

提供する商品やサービスの特長や利点を端的に伝えましょう。例えば、「業界最安値の料金プラン」「費用をかけずに求めている人材を雇

用するには？」といった表現で、ユーザーにとってのメリットを具体的に示し、競合他社との差別化ポイントを明確にしましょう。

■ 見出しで注目を集める

見出しは、ユーザーの注目を引き付ける重要な要素です。短い文字数で印象的なメッセージを伝える必要があります。見出しには、ユーザーの興味を引く言葉や数字を盛り込むのが効果的です。

■ 簡潔でわかりやすい文章を心がける

広告文は簡潔でわかりやすいものが好まれます。長文や複雑な表現は避け、ユーザーが一目で内容を把握できるようにしましょう。一文は短めに保ち、重要なキーワードを盛り込むことを意識しましょう。また、業界用語や難解な言葉は避け、一般的なユーザーが理解しやすい言葉選びを心がけましょう。

■ 数字やデータを確認する

具体的な数字やデータを盛り込むことで、説得力を高めることができます。例えば、「累計100万部突破の大ベストセラー」「98％の人が満足と回答」といった表現は、商品やサービスの信頼性を裏付ける効果があります。

■ 感情に訴えかける

ユーザーの感情に訴えかけることも重要です。共感を得られるようなストーリー性のある文章や、ユーザーの悩みに寄り添うような表現を取り入れましょう。例えば、「子育てに悩むすべてのママへ」「毎日の通勤ストレスにさようなら」といったメッセージは、ユーザーの感情に響く可能性があります。

■ 広告画像とのバランスを考える

広告文案は、広告画像とのバランスを考慮して作成する必要があります。画像と文章が相互に補完し合い、一体感のあるクリエイティブを構成するようにしましょう。

■ A/Bテストができるように意識する

広告文案のパフォーマンスを向上させるために、A/Bテストを活用しましょう。複数のバージョンの文案を用意し、実際にユーザーの反応を測定することで、より効果的な表現を見つけることができます。見出しや本文の一部を変更するだけでも、大きな違いが生まれることがあります。

■ 広告ポリシーを遵守する

Meta広告では、広告ポリシーに沿った文案を作成することが求められます。誇大表現や差別的な表現、不適切な言葉の使用などは避けなければなりません。また、業種や商品カテゴリーによっては、特別なルールが設けられている場合があります。広告ポリシーを十分に理解し、それに基づいた文案作成を心がけましょう。

広告文の作成は、単なる文字の羅列ではありません。ユーザーの心に寄り添い、共感を生み出すためのクリエイティブな作業です。ターゲットのことを深く理解し、その価値観やニーズに合わせたメッセージを発信することが求められます。また、広告の目的や提供する商品・サービスの特性を踏まえ、最適な表現方法を選択することも重要です。

Meta広告における効果的な文案作成は、ビジネスの成功に直結する重要なスキルです。ユーザーの心に響くメッセージを発信し、共感と信頼を獲得することができれば、広告の効果は飛躍的に高まります。

広告に使う素材の準備と考え方

ここでは、広告に使う画像素材の準備と考え方について詳しく解説します。魅力的な画像を選び、ユーザーの注目を集めましょう。

広告に使う画像素材を集める

広告に使用する画像素材を集める際は、以下の点に留意しましょう。

■ 広告の目的に合った画像を選ぶ

画像素材は、広告の目的に合ったものを選ぶことが大切です。商品やサービスの魅力を伝えるためには、その特長がよく表れた画像が適しています。一方で、ブランドイメージの向上を目的とする場合は、企業の価値観や世界観を表現する画像が効果的でしょう。

■ ターゲット設定を意識する

画像選定の際は、ターゲットユーザーの嗜好や関心事を考慮しましょう。年齢層や性別、ライフスタイルなどによって、好まれる画像のタイプは異なります。

■ ブランドイメージに合ったものを選ぶ

画像は、ブランドイメージと一貫性を保つことが重要です。企業のロゴやカラーを取り入れたり、統一感のある雰囲気の画像を選んだりすることで、ブランドの認知度を高めることができます。また、キャンペーンごとに異なるコンセプトの画像を使用する場合も、全体として統一感を維持するよう心がけましょう。また、広告の画像や動画からリンクするLPなどのサイトの色味やフォントなどのデザインの世界

観を意識することも重要です。

■ 高品質な画像を使用する

　広告には、高品質な画像を使用することが求められます。ピクセル数が低い画像や、ぼやけた画像は、広告の印象を損ねかねません。解像度の高い鮮明な画像を選ぶことで、商品やサービスの魅力を効果的に伝えることができます。

■ 著作権に注意する

　画像素材を集める際は、著作権に注意することが大切です。無断で他者の画像を使用すると、法的なトラブルに巻き込まれる可能性があります。自社で撮影した画像や、適切にライセンスを取得した画像を使用するようにしましょう。次に紹介する画像素材サイトを活用するのも一つの方法です。

オススメの画像素材サイト

　広告に使用する画像素材は、自社で撮影する以外にも、様々な方法で入手することができます。ここでは、オススメの画像素材サイトをいくつか紹介します。

■ Shutterstock（シャッターストック）

　Shutterstockは、世界最大級のストックフォトサイトです。2億点以上の高品質な画像が揃っており、幅広いジャンルの写真やイラストを見つけることができます。

■ Adobe Stock（アドビストック）

　グラフィックソフトで有名なAdobeが提供するストックフォトサービスです。高品質な写真やイラスト、ベクター画像などが豊富に揃っ

ています。Adobeのソフトウェアとの連携が強みで、Photoshopなど
から直接画像を検索・購入できます。

■ PIXTA（ピクスタ）

　日本の企業が運営するストックフォトサイトです。日本人モデルの
写真や、日本の風景写真などが多数揃っているのが特徴です。料金プ
ランも柔軟で、ポイント制やサブスクリプション型から選ぶことがで
きます。

■ Pexels（ペクセルズ）

　無料で利用できる写真素材サイトです。高品質な写真が多数公開さ
れており、商用利用も可能です。

■ PhotoAC

　PhotoACは、無料の写真素材サイトです。主に日本人のモデルが多
く起用されており、日本人素材を使った日本人向けの広告画像や動画
を作る際には重宝します。有料プランでは、画像のダウンロードが無
制限になるほか、動画やイラストも著作権フリー商業利用OKで無制限
ダウンロードができるため、オススメできる写真素材サイトです。

画像素材集めのポイント

　魅力的な画像素材を集めるためには、いくつかのポイントを押さえ
ておくことが大切です。

■ イメージに合ったキーワードで検索する

　画像素材サイトを利用する際は、目的に合ったキーワードを使って
検索しましょう。抽象的なキーワードだけでなく、具体的なシーンや
オブジェクトを表すキーワードを組み合わせることで、より適切な画

像を見つけることができます。また、色味や雰囲気を表すキーワード
を加えるのも効果的です。

■ 人物の表情や姿勢に注目する

　人物が写っている画像を選ぶ際は、表情や姿勢に注目しましょう。
明るい表情の人物は親しみやすさを、真剣な表情の人物は信頼感を醸
成します。また、人物の姿勢や動きによって、画像の印象は大きく変
わります。広告の目的に合った表情や姿勢の人物が写っている画像を
選ぶことが重要です。

■ 構図や余白を意識する

　画像の構図や余白も、重要なポイントです。メインの被写体が中央
に配置された画像は安定感がある一方、左右非対称の構図は動きや躍
動感を生み出します。また、適度な余白を設けることで、広告文章や
ボタンを配置するスペースを確保することができます。

■ 季節感や時代感を考慮する

　画像の季節感や時代感も、広告の印象に影響を与えます。季節に合
った画像を使うことで、タイムリーな雰囲気を演出することができま
す。一方で、時代遅れの印象を与える画像は避けましょう。最新のト
レンドを押さえつつ、普遍的な魅力を持つ画像を選ぶことが大切です。
春の季節には春の画像、冬の季節には冬の画像を選定すると、ユーザ
ーが反応しやすくなります。

■ A/Bテストで効果を検証する

　画像素材の効果を検証するために、A/Bテストを活用しましょう。
同じ広告文章で、異なる画像を使った広告を複数パターン作成し、そ
れぞれの成果を比較します。クリック率や広告の獲得に効果的な画像
を見極めることで、より最適な素材選定が可能になります。

これらのポイントを意識しながら、広告の目的やターゲットユーザーに合った画像素材を集めることが重要です。画像は広告の印象を大きく左右する要素の一つです。適切な画像を選ぶことで、ユーザーの注目を集め、広告のパフォーマンスを向上させることができるでしょう。

　Meta広告の世界では、画像の持つ力は計り知れません。一枚の画像が、ユーザーの心を動かし、ブランドに対する印象を大きく左右することがあります。また優れた画像は、ユーザーとの強い結びつきを生み出します。ブランドメッセージを視覚的に訴求し、ユーザーの感情に直接語りかけることができるからです。

効果の出る画像・動画の作成方法

6

SECTION
05

広告の成果を大きく左右するのが、ユーザーに見てもら
う画像や動画です。ここでは、Meta広告で効果の出やす
い画像・動画の作成方法について解説していきます。

広告画像・動画の作成ポイント

　広告画像や動画を作成する際は、以下のようなポイントに留意する
ことが大切です。

■ ブランドイメージとの一貫性を持たせる

　広告のビジュアルは、ブランドイメージと一貫性を保つことが重要
です。企業のロゴやカラー、フォントを効果的に使用し、ブランドの
個性を表現しましょう。また、キャンペーンごとに異なるコンセプト
のビジュアルを使う場合でも、全体としての統一感を維持することが
求められます。

■ 商品・サービスの魅力を伝える

　広告画像や動画は、商品やサービスの魅力を視覚的に伝えるための
ツールです。商品の特長や利点を、わかりやすく、インパクトのある
形で表現しましょう。例えば、商品の使用シーンを撮影したり、ベネ
フィットを強調するテキストを載せたりすることで、ユーザーに商品
の価値を効果的に伝えることができます。

■ ストーリー性のある構成にする

　画像や動画に、ストーリー性を持たせることも効果的です。単なる
商品の羅列ではなく、ユーザーの感情に訴えかけるような物語を織り

込むことで、より強いインパクトを与えることができます。例えば、商品を使用することで得られる体験や、ユーザーの悩みを解決するプロセスを描くことで、共感を呼ぶことができるでしょう。

■ シンプルで明快なメッセージにする

　広告画像や動画では、シンプルで明快なメッセージを伝えることが大切です。ユーザーの目に留まる限られた時間の中で、広告の主旨を理解してもらう必要があるためです。画像やテキストの要素を絞り込み、一目で伝えたいことが理解できるようなデザインを心がけましょう。商品や商材によっては、画像と文章のみといった構成や、シンプルな訴求文章1つの画像など、様々な観点でテストが必要です。

■ 視覚的な差別化を図る

　広告画像や動画は、他の広告との差別化を図ることが重要です。ユーザーのSNSに流れるように出てくる多くの広告の中で、自社の広告が埋もれてしまっては意味がありません。独自性のあるデザインや、目を引くようなビジュアル要素を取り入れることで、ユーザーの注目を集めることができます。ただもしも最初からオリジナル感を出すのが難しい場合は、競合他社で参考になりそうな画像や動画をピックアップするのも良いかもしれません。広告ライブラリなどで他社の画像や動画を参考にし、作成した画像や動画の中で数値がよかった画像の違うバージョンなどを作成し、徐々に独自性のある画像を作成していくのもお勧めです。

Meta広告ライブラリ

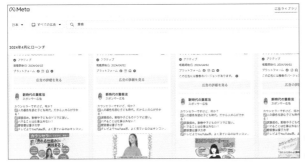

出典：https://www.facebook.com/ads/library/

■ モバイルに最適化されるデザインを意識する

　Meta広告は、主にモバイルで表示されます。iPhoneやAndroidといったスマートフォンです。そのため、モバイルに最適化されたデザインを心がける必要があります。画像やテキストは、小さな画面でも読みやすいサイズや配置にしましょう。また、縦長の画像や動画は、モバイル画面に最適化されているため、Instagramのストーリーズやリール動画の配置に最適化されて出稿されるため、ぜひ活用しましょう。

正方形の画像

縦長の画像

テロップはあまり下す
ぎると「詳しくはこち
ら」と被るので注意が
必要

■ 高品質な画像・動画を使用する

　広告に使用する画像や動画は、高品質であることが求められます。
ぼやけた画像や、粗い動画は、広告の印象を損ねかねません。鮮明で、
適切な解像度の素材を使用するようにしましょう。また、動画の場合
は、適切な長さ（15秒〜30秒程度）に編集することも大切です。

■ A/Bテストを行い最適化する

　広告画像や動画の効果を検証するために、A/Bテストを活用しまし
ょう。複数のパターンのビジュアルを用意し、それぞれの成果を比較
することで、より効果的な表現を見つけることができます。テストを
繰り返し、データに基づいた最適化を行うことが、広告の成果向上に
つながります。例えば、訴求やデザインは一緒で、画像素材だけを変
えてみてどうか、デザインと画像素材は一緒で訴求だけを変えてみて

どうか、などA/Bテストで重要なのは一気に変えないことです。一気に変えてしまうと、どの部分を変更したことによってよくなったのかがわからないからです。

　以上のようなポイントを押さえながら、広告画像や動画を作成することが重要です。ユーザーを惹きつけ、行動を促すようなビジュアルを生み出すことができれば、Meta広告の効果を最大限に引き出すことができるでしょう。

画像・動画の枚数の考え方

　Meta広告では、1つの広告セットに複数の画像や動画を設定することができます。では、どのくらいの枚数を用意すべきなのでしょうか？ここでは、画像・動画の枚数の考え方について説明します。

■ 最低3パターンは用意する

　広告画像や動画は、最低でも3パターンは用意することをおすすめします。1つの広告セットに複数のビジュアルを設定することで、より多くのユーザーに訴求することができます。また、A/Bテストを行う上でも、比較対象となるバリエーションが必要です。

■ ターゲット設定に合わせる

　画像・動画の枚数は、ターゲットユーザーの特性に合わせて調整しましょう。ターゲットが広い場合は、多様な嗜好に対応するために、より多くのパターンを用意することが効果的です。一方、ターゲットが絞り込まれている場合は、少ない枚数でも、的確なデザインや訴求を提供することができるでしょう。

■ 予算と制作リソースを考慮する

　画像・動画の枚数は、予算や制作リソースとのバランスを考えて決める必要があります。高品質な画像や動画を大量に用意することは、コストと時間がかかります。限られたリソースの中で、最も効果的な枚数を見極めることが重要です。

■ 広告の目的に応じて調整する

　広告の目的によっても、最適な画像・動画の枚数は異なります。ブランド認知度の向上を目的とする場合は、多様なビジュアルを用意し、幅広いユーザーに訴求することが効果的です。一方、商品の販売促進を目的とする場合は、商品の魅力を的確に伝える少数の画像・動画に絞り込むことも有効でしょう。メールアドレスやLINE登録のリスト取りの場合、ユーザーに共感してもらえる、刺さる訴求を探し出すことも重要なので、画像・動画はA/Bテストする枚数が必要になります。

■ 継続的な最適化を行う

　画像・動画の枚数は、最初から決められるものではありません。広告の運用を通じて、どのようなデザインや訴求が効果的かを検証し、継続的に最適化を行うことが大切です。新しい画像・動画を追加したり、パフォーマンスの低いものを削除したりしながら、常に最適な枚数を保つようにしましょう。

　画像・動画の枚数は、広告の成果に大きな影響を与えます。ターゲット設定や広告の目的に合わせて、適切な枚数を見極めることが重要です。また、A/Bテストを通じて、継続的に最適化を行うことも忘れてはいけません。

　効果的な広告画像・動画の作成は、Meta広告の成功を左右する重要な要素です。ユーザーを惹きつけ、行動を促すようなビジュアルを生み出すことができれば、広告の可能性は大きく広がります。

広告アカウントの作成を行う

SECTION 06

Meta広告を運用する中で一番重要なのがアカウントの準備です。ビジネスアカウントを作成しただけでは広告はスタートできず、広告アカウントを作成する必要があります。

広告アカウントの作成方法

　広告アカウントの作成はそこまで難しいものではありません。以下の手順で作成が可能です。

01

ビジネスマネージャのビジネス設定画面から、「広告アカウント」→「追加」→「新しい広告アカウントを作成」をクリック

02

広告アカウント名を入力し、時間帯、通貨を選択※時間帯の設定をAsia/Tokyo意外で設定してしまうと、後々広告管理に必要なレポートツールなどの連携ができなくなってしまうので注意

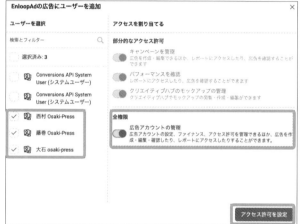

03

「メンバーを割り当て
る」をクリックし、該
当ユーザーにチェック
し、「全権限」を選択し
て「アクセス許可を設
定」をクリック

04 広告アカウントの画面の右上のチェック▼マークをクリック、「支払い方法を表示」

05

画面中央の「支払い方法を追加」をクリックし、都合の良い支払い方法で登録

　広告アカウントの作成の際に注意が必要なのは、「時間帯」と「通貨」の設定です。例えば誤って別の国に設定したまま広告アカウントを作成してしまうと、広告の管理を行うためのレポートツールなどと連携ができなくなってしまいます。便利なレポートツールは多くあるため、広告管理をしていると将来的に導入を検討する必要が出てくるのですが、広告アカウントの時間帯が別の国になっているので連携できません、ということが多々あるため注意が必要なのです。

　また、広告アカウントを作成した後にメンバーの割り当てと支払い情報の紐付けを行わないと、広告出稿することができませんので、注意が必要です。

Facebookページの ビジネスアカウント連携

Meta広告を出稿する際に、Facebookページがないと出稿できないため、前章で解説して作成したFacebookページをビジネスアカウントに登録します。

ビジネスアカウントに連携する方法

ビジネスアカウントへの連携は以下の通りです。

01 ビジネスマネージャのビジネス設定画面から「ページ」をクリック

02 「追加」というボタンをクリック、「ページを追加」をクリック。この時までにFacebookページをまだ作成していないようなら、「新しいFacebookページを作成」でもOK

Facebookページを追加　　　　　　　　　　　　　　×

あなたのビジネスが所有しているページがすでにある場合はFacebookページを追加してください。広告会社のスタッフである場合、ページへのアクセスを広告主にリクエストしてください。

追加されたページはビジネスマネージャに表示されます。ページを追加するには、すでにそのページの管理者になっている必要があります。

Facebookページ名またはURL

このFacebookページへのアクセスが許可された場合は、Meta利用規約及びFacebookページ利用規約に同意するものとします。

キャンセル　　ページを追加

03

Facebookページの名前かFacebookページのURLを入力し、選択、ページを追加をクリック

04 追加されているか確認して完了

　Facebookページのビジネスアカウントへの連携はそこまで難しいものではありません。注意点としては、Facebookページをビジネスアカウントに追加できるのは、Facebookページを作成した管理者でないと追加できないため、注意して下さい。また、Facebookページの情報入力は必ず完了させておきましょう。Facebookページの入力が完了していない状態でMeta広告を出稿した場合、基本的にはAIの審査の段階で停止させられてしまうため、こちらも注意して下さい。

　また、FacebookページにはInstagramのアカウントを連携することも可能です。必須ではないですが、Instagramのアカウントをよく使っている方は、視認性も良いですし、Instagramの広告からアカウントに誘導できるというメリットがあるため、連携すると良いでしょう。

Metaピクセルの準備と設定方法

6

SECTION
08

Meta広告を運用する上で、広告の効果を正確に測定することは非常に重要です。ここでは、Metaピクセルの概要と、その設定方法について詳しく解説します。

CV計測に必要なMetaピクセルの準備

　まずMetaピクセルとは、Metaが提供する広告効果測定ツールです。ウェブサイトにピクセルと呼ばれる短いコードを設置することで、サイトを訪れたユーザーの行動を追跡し、分析することができます。具体的には、以下のような情報を取得することができます。

1.広告のクリック数や表示回数
2.ウェブサイトへの訪問者数
3.商品の購入や申込みなどのコンバージョン（成果）数
4.ユーザーの属性（年齢、性別、興味関心など）

　これらのデータを活用することで、広告の最適化や、ターゲティングの改善につなげることができるのです。Metaピクセルを利用するためには、まずMetaのビジネスマネージャアカウントを作成する必要があります。アカウントを作成したら、次の手順でピクセルを準備しましょう。

01

ビジネスマネージャの
ビジネス設定画面か
ら、「データソース」→
「データセット」を選択

02

青い「追加」ボタンを
クリック

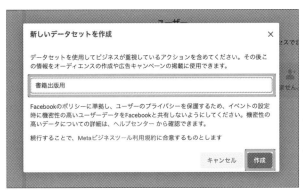

03

ピクセルの名前を入力
し、「作成」をクリック

04

広告アカウントと連携
するために、「アセット
を割り当てる」→該当
の広告アカウントを見
つけて「追加」をクリ
ック

05

「メンバーを割り当て
る」で管理するメンバ
ーを割り当てる

06 「イベントマネージャで開く」をクリック

07 画面中央の「Metaピクセルを設定」をクリック

08 「コードを手動でインストール」をクリック

09 「ベースコードをコピー」→「コードをコピー」をクリックして、右下の次へをクリック。こちらのコードは次節のGoogleタグマネージャーでの設定の際に必要なので、メモ帳などにコピーしておく

10 「自動詳細マッチングをオンにする」をクリック→国などのチェックが全てONになっている状態で右下の次へをクリック

11 次の画面はLPといったサイトにタグの設置が完了していないといけないので、一旦右下の「ピクセルの概要に移動」をクリック

　Meta広告のピクセルのコードは、ウェブサイトのすべてのページに設置する必要があります。WordPressなどのCMSを利用している場合は、プラグインを使って簡単に設置できる場合もあります。本書では次節でGoogleタグマネージャーを利用したMetaピクセルタグの設置方法をお伝えします。

　Metaピクセルを設置することで、ウェブサイトでのユーザーの行動を詳細に追跡できるようになります。これは、コンバージョン（CV）の計測に欠かせない仕組みです。広告がどの程度の成果を上げているかを具体的に把握するためにもしっかり設定してください。

Googleタグマネージャーの設定方法

Metaピクセルタグの設置・設定を簡単に行うための便利なツールとして、Googleタグマネージャーでの設置・設定を解説します。

Googleタグマネージャーのアカウント準備

Googleタグマネージャーとは、ウェブサイトに様々なタグ（トラッキングコードなどの短いコード）を設置するための無料ツールです。タグマネージャーを利用することで、ウェブサイトのソースコードを直接編集することなく、簡単にタグの設置や管理を行うことができます。Metaピクセルの設定も、タグマネージャーを使えば容易に行えます。

まず、Googleタグマネージャーを利用するためには、Googleアカウントが必要です。Googleアカウントを取得したら、以下の手順でタグマネージャーを設定しましょう。

01 Googleタグマネージャーのウェブサイト（https://tagmanager.google.com/#/home）にアクセス

02 「アカウントを作成」をクリック

03

アカウント名、コンテ
ナ名（ウェブサイト
URL）とターゲットプ
ラットフォーム（ウェ
ブ）を選択

04 英語の利用規約しか出ないので、左下の同意にチェックし、右上の「はい」をク
リック

Googleタグマネージャーをインストール

下のコードをコピーして、ウェブサイトのすべてのページに貼り付けてください。

1. このコードは、次のようにページの **<head>** 内のなるべく上のほうに貼り付けてください。

```
<!-- Google Tag Manager -->
<script>(function(w,d,s,l,i){w[l]=w[l]||[];w[l].push({'gtm.start':
new Date().getTime(),event:'gtm.js'});var f=d.getElementsByTagName(s)[0],
j=d.createElement(s),dl=l!='dataLayer'?'&l='+l:'';j.async=true;j.src=
'https://www.googletagmanager.com/gtm.js?id='+i+dl;f.parentNode.insertBefore(j,f);
})(window,document,'script','dataLayer','GTM-PGVC2C9C');</script>
<!-- End Google Tag Manager -->
```

2. 開始タグ **<body>** の直後にこのコードを次のように貼り付けてください。

```
<!-- Google Tag Manager (noscript) -->
<noscript><iframe src="https://www.googletagmanager.com/ns.html?id=GTM-PGVC2C9C"
height="0" width="0" style="display:none;visibility:hidden"></iframe></noscript>
<!-- End Google Tag Manager (noscript) -->
```

3. ウェブサイトをテストする（省略可）:

https://example.com   テスト

Google タグ マネージャー スニペットの導入について詳しくは、クイック スタートガイドをご覧ください。

OK

05

タグマネージャーのコードが表示されるので、そのコードをウェブサイトのすべてのページのHTMLに貼り付け。

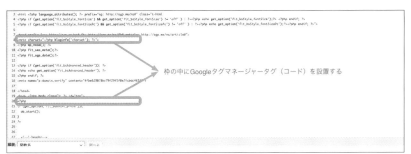

枠の中にGoogleタグマネージャータグ（コード）を設置する

06 コードの貼り付け位置は、<head>タグの直後と、</body>タグの直前の2か所です。WordPressなどのCMSを利用している場合は、プラグインやテーマの設定画面からコードを入力できる場合があります

　Googleタグマネージャーの設定が完了したら、次はMetaピクセルの設定を行います。以下の手順で、タグマネージャー上でMetaピクセルを設定しましょう。

01 前節でコピーしていたベースコード、Metaピクセルタグを用意

02 タグマネージャーの管理画面で、「タグ」→「新規」をクリック

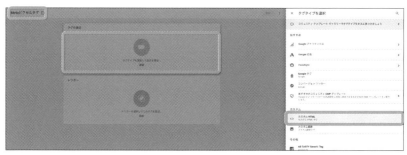

03 名前を入力し、「タグの設定」→「カスタム HTML」を選択

04 Metaピクセルタグを貼り付け

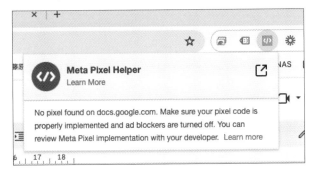

05 「トリガー」の設定で、「All Pages」を選択（すべてのページでピクセルを発動させるため）。「保存」をクリック

以上で、Googleタグマネージャーを使ったMetaピクセルの設定は完了です。設定が正しく行われているかを確認するために、GoogleChromeの拡張機能で「Metaピクセルヘルパー」という拡張機能をブラウザに追加すると良いでしょう。この拡張機能を使えば、ウェブサイト上でピクセルが正しく発動しているかを簡単にチェックできます。

Metaピクセルヘルパー

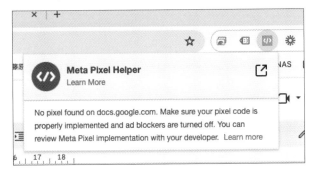

Googleタグマネージャーを使ってMetaピクセルを設定することで、ウェブサイトのソースコードを直接編集することなく、簡単にMeta広

告の効果測定を行うことができます。ピクセルが正しく設定されていれば、広告のクリック数や表示回数、コンバージョン数などの詳細なデータを取得できるようになります。またサイト自体にタグなどのコードが数多く溜まっていくと、ユーザーに表示される表示スピードも遅くなってしまいます。Googleタグマネージャーで運用すると、設置するべきタグはサイト内には一つだけですみ、Googleタグマネージャーの管理画面でMeta広告・Google広告・Yahoo広告・ヒートマップ・GA4などのタグを全て一元管理でき、サイトは常に表示スピードを一定基準保ったまま運用できるというのもメリットの一つです。

　ただし、GoogleタグマネージャーやMetaピクセルの設定には、ある程度のHTML知識が必要になります。初心者の場合は、本書を参考にして頂きつつ、それでも設定に行き詰まるようなら専門家やウェブサイトを運営してくれているメンバーの協力を得ることをおすすめします。

6

CVの設定方法

Meta広告の最大の目的は、広告を通じて売上や申込など
の具体的な成果を上げることです。この成果を「コンバ
ージョン（CV）」と呼びます。

イベントマネージャの広告設定ツールでのCV計測方法

　Meta広告では、イベントマネージャという機能を使って、CVの設定
を行うことができます。イベントマネージャでは、ウェブサイト上で
発生するユーザーのアクション（商品の購入、資料請求、会員登録な
ど）を「イベント」として定義し、管理することができます。

　イベントマネージャでCVを設定するには、以下の手順で操作します。

01 Facebookビジネスマネージャにログインし、「イベントマネージ
ャ」を選択

02 「データソース」から、CVを計測するウェブサイト（ピクセル）
を選択

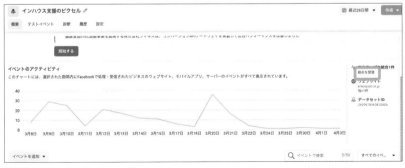

03 統合を管理をクリック

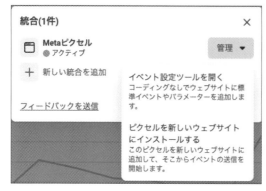

04

「管理」をクリック。
「イベント設定ツール
を開く」をクリック

05

このような画面が出て
くるので、右下の「イ
ベント設定ツールを開
く」をクリック

イベントを設定   ×

**イベント設定ツールを利用すると、コーディングなしで標準的なイベントやパ
ラメーターを追加できます。ピクセルイベントをインストールする最も簡単な
方法です。**

このツールは管理するウェブサイトでのみ利用してください。リンクするウェブサイト
が、あなたの広告アカウントの設定にアクセスできるようになります。

ウェブサイトURL

https://enloopad.co.jp/webinar/startup   [ウェブサイトを開く

フィードバックを送信   キャンセル

06

広告で利用するサイト
のURLを貼り付けて
「ウェブサイトを開く」
をクリック

07 左上の「新しいボタンをトラッキング」か「URLをトラッキン
グ」をクリック。サンクスページなどのサイトに着地した時にCV

を計測したい場合はURLトラッキング、ボタンをクリックされた時のアクションでCVとしたい場合はボタントラッキング

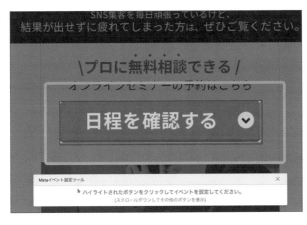

08

ボタンの場合はCV計測したいボタンが選択できるようになっているので選択

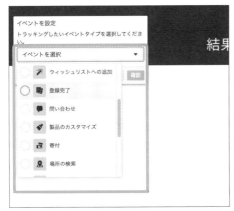

09

イベントを選択、登録完了を使うことが多いので、迷うようなら登録完了で良い。できる限りCV目的とマッチするイベントを選択する

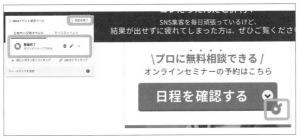

10

設定が完了すると、画面のボタンにイベントマークが表示されるので、「設定を終了」をクリック

11 画面が閉じれば設定完了

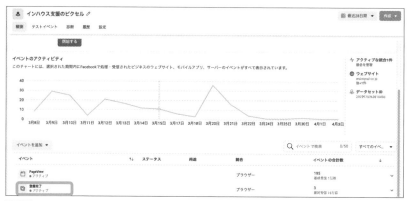

12 イベントマネージャーのトップ画面でイベントが反映されていればOK

　これで、指定したアクションが発生した際に、CVとして計測されるようになります。イベントマネージャでCVを設定したら、実際の広告キャンペーンでそのCVを最適化目標として選択します。最適化目標とは、広告配信のアルゴリズムが優先的に目指す成果のことです。CVを最適化目標に設定することで、そのCVの発生を最大化するように、広告が自動的に最適化されるようになります。

GoogleタグマネージャーでのカスタムCV計測方法

　イベントマネージャでのイベント設定ツールに加えて、Googleタグマネージャーを使ってカスタムのCVを計測することもできます。タグマネージャーを使えば、より柔軟かつ高度なCV計測が可能になります。タグマネージャーでカスタムCVを設定するには、以下の手順で操作します。

01 タグマネージャーの管理画面で、新しいタグを作成

02 タグのタイプとして「カスタムHTML」を選択

03

HTMLのフィールドに、以下のようなコードを入力（'event_name'の部分は、任意のイベント名に変更してください）
<script>
fbq('track', 'event_name');
</script>

ピクセルイベントコード一覧

ウェブサイトアクション	説明	標準イベントコード
支払い情報の追加	チェックアウト手続き中に顧客の支払い情報を追加する（例：請求情報の保存ボタンをクリックする）。	fbq('track', 'AddPaymentInfo');
カートに追加	ショッピングカートやバスケットにアイテムを追加する（例：ウェブサイトで【カートに追加】ボタンをクリックする）。	fbq('track', 'AddToCart');
ウィッシュリストに追加	ウィッシュリストにアイテムを追加する（例：ウェブサイトで【ウィッシュリストに追加】ボタンをクリックする）。	fbq('track', 'AddToWishlist');
登録完了	ビジネスが提供するサービスと引き換えに、顧客が情報を提出する（例：電子メール購読の申し込み）。	fbq('track', 'CompleteRegistration');
問い合わせ	顧客とビジネスが電話／SMS、メール、チャットなどの方法で連絡を取り合う。	fbq('track', 'Contact');
製品のカスタマイズ	ビジネスが所有する設定ツールまたはその他のアプリケーションを使用して製品をカスタマイズする。	fbq('track', 'CostomizeProduct');

https://www.facebook.com/business/help/402791146561655?id=1205376682832142

04

タグの順序付けで「〜〜が発効する前にタグを配信」にチェックを入れて、Metaピクセルタグを選択

05 トリガーをクリック

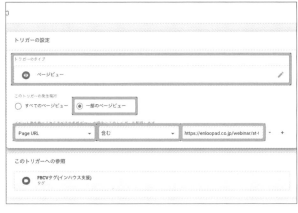

06

サンクスページをCV計測したい場合は、トリガータイプを「ページビュー」を選択。「一部のページビュー」にチェックを入れ「PageURL」を選択、「含む」を選択「サンクスページURL」を貼り付ける

07 サイトのボタンクリックでCV計測したい場合は、トリガー対応を「クリックリンクのみ」を選択。「タグの配信を待つ」にチェックを入れて「2000」で設定。「妥当性をチェック」にチェックを入れて、「PageURL」「含む」「LPURL」を貼り付け。また、一部のリンククリックにチェック、「ClickURL」「含む」「ボタンURL」を貼り付け

08 設定完了後、アカウントトップページ右上にある「公開」で必ず公開する

09 「プレビュー」機能を使って設定がうまくいっているか確認する

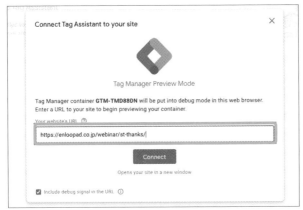

10 サンクスページの場合、サンクスページURL貼り付け

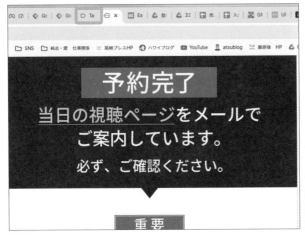

11 接続したら、タブを確認して、点滅している方のタブを選択

178

12 TagsFiredに設定したCVイベントが入ってればOK、TagsNotFiredに入っている場合は何かしらの設定がおかしい場合があるので、設定を見直す

　このように設定をすることで、指定したアクションが発生した際に、カスタムイベントがFacebookに送信されるようになります。Googleタグマネージャーを使ったカスタムCV計測は、特にイベントマネージャの標準機能では対応できないような、複雑な条件のCVを設定する際に役立ちます。例えば、特定の商品をカートに入れた際や、一定時間以上動画を視聴した際にCVを計測したい場合などは、タグマネージャーを使うことで実現できます。また、イベント設定ツールを利用したCV計測でたまに計測が発生しない現象が起きたりするため、その場合はGoogleタグマネージャーでCV設定を行う必要があります。

マイクロコンバージョンの考え方と設定方法

　CVといえば、商品の購入や申込みなどの最終的な成果を指すことが一般的ですが、それ以外にも、ユーザーの小さな行動変化を「マイクロコンバージョン」としてとらえることができます。マイクロコンバージョンは、最終的なコンバージョンにつながる重要な行動指標です。例えば、以下のようなユーザーアクションをマイクロコンバージョン

として設定し、計測することができます。

- LPのボタンクリック
- 特定のページの閲覧
- 動画の再生
- 資料のダウンロード
- ニュースレターの登録
- 商品ページでの一定時間以上の滞在

　これらのマイクロコンバージョンを計測することで、最終的なコンバージョンに至るまでのユーザーの行動を詳細に把握することができます。どの段階でユーザーが離脱しているのか、どのような行動がコンバージョンにつながりやすいのかを分析し、ウェブサイトの改善点を見つけることができるのです。マイクロコンバージョンの設定方法は、通常のCVと同様です。イベントマネージャやGoogleタグマネージャーを使って、特定のユーザーアクションをイベントとして定義し、計測できるように設定します。

　ただし、マイクロコンバージョンを設定する際は、最終的なコンバージョンとの関連性を考慮することが重要です。どのようなマイクロコンバージョンが、ビジネスの成果に寄与しているのかを見極め、優先順位をつけて設定していく必要があります。

　また、マイクロコンバージョンの設定が多すぎると、かえってデータが複雑になり、分析が難しくなってしまう可能性もあります。必要最小限のマイクロコンバージョンを設定し、段階的に拡張していくことが賢明でしょう。

6

キャンペーンの
構築について

SECTION
11
Meta広告を運用する上で、キャンペーンの構築は非常に
重要なプロセスです。キャンペーンとは、広告の目的や予
算、期間などを設定する、広告運用の基本単位のことです。

予算に応じたキャンペーン構築方法

　キャンペーンを構築する際は、まず広告の目的と予算を明確にする
ことが重要です。Meta広告では、以下のような目的を選択することが
できます。

■ 認知度

　広告の記憶が残る見込みがもっとも高い人を獲得するための広告

■ トラフィック

　ウェブサイトへの訪問者を増やすための広告

■ エンゲージメント

　投稿やページへのエンゲージメント（いいね！、コメント、シェア
など）を増やすための広告

■ リード

　問い合わせや資料請求などのリードを獲得するための広告

■ アプリの宣伝

　アプリをインストールして継続的に使ってくれる人を獲得するため
の広告

■ 売上

　ウェブサイトでの購入や申し込みなどのコンバージョンを増やすための広告

　Meta広告では毎日一定の予算で広告を配信することができるため、長期的な広告運用に向いています。ただし、1日の予算を使い切ると、その日の広告配信は停止されてしまうため、予算の設定には注意が必要です。

　予算の設定に際しては、広告の目的やターゲット設定の規模、期待する成果などを考慮する必要があります。十分な予算を確保することで、より多くのユーザーにリーチし、高い広告効果を得ることができます。一方で、予算が限られている場合は、ターゲットを絞り込んだり、配信期間を調整したりすることで、効率的な広告運用を目指すことも可能です。

　キャンペーンの予算設定は、広告運用の成否を左右する重要な要素です。ビジネスの目標や予算状況を踏まえ、最適な設定を行うことが求められます。また、キャンペーンの進捗状況を定期的にチェックし、必要に応じて予算の調整を行うことも大切です。

広告セット、広告の取り扱いが非常に重要になる

　キャンペーンの下には、「広告セット」と「広告」という2つの階層があります。広告セットは、ターゲティングや配信設定を行う階層で、広告は、実際の広告クリエイティブ（画像や文章など）を管理する階層です。キャンペーンの構築において、広告セットと広告の適切な設定は非常に重要です。

　それではキャンペーンの構築方法を解説していきます。今回はCV計

測ができる「売上」という目的を解説していきます。売上の目的を作成・出稿できれば、他の目的は容易に出稿できるため、こちらの解説を中心に行っていきます。

01 ビジネスマネージャーの広告マネージャを開く

オフ/オン	キャンペーン	配信 ↑	アトリビューション設定	結果	リーチ	フリークエンシー
◉	新しいトラフィックキャンペーン	○ 下書き	–	–	–	–
●	インハウス支援2	オフ	クリックから7...	ウェブサイトの登録完...	–	–
●	インハウス支援	オフ	クリックから7...	ウェブサイトの登録完...	–	–
●	【リード】足立様+西村セミナーA	オフ	クリックから7...	≡ Facebookでのリード	–	–
●	【リード】足立様+西村セミナー	オフ	クリックから7...	≡ Facebookでのリード	–	–
●	足立様+西村セミナー	オフ	クリックから7...	リンクのクリック	–	–
●	4/20 セミナー	オフ	クリックから7...	リンクのクリック	–	–

02 「作成」をクリック

03
「売上」を選択し、次へをクリック

04

「手動作成の売上キャンペーン」をクリック

05

キャンペーン名を都合の良い名前に変更

06

Advantageのキャンペーン予算を「ON」にして日予算を設定
※本書では仮に2000円と入力

07

広告セットに移動して、広告セットの名前を変更。コンバージョン目的は「ウェブサイト」を選択。パフォーマンスの目標は「コンバージョン数の最大化」※最初から選択されている

08

Metaピクセルで作成した、ピクセル名を選択

09

登録完了を選択

10

コンバージョンイベン
トでCV設定したイベン
トを選択

11

Advantage+ オーディ
エンスで「元のオーデ
ィエンスオプションに
切り替える」をクリッ
ク

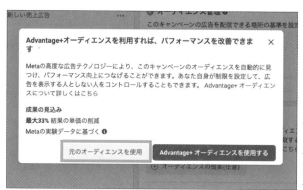

12

「元のオーディエンスを
使用」をクリック

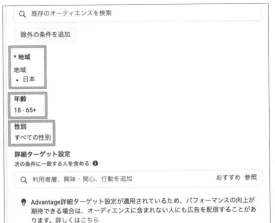

13
地域・年齢・性別を調整

14 詳細ターゲット設定で狙いたいターゲットユーザーがあれば検索
して設定。大体2〜5個くらいでまとめる。ここで何も設定しなけ
れば、ブロード配信というノンターゲット設定になる。ターゲッ
トボリュームが一番大きくなるが、詳細ターゲットで設定しても
OK

すべての性別

詳細ターゲット設定
次の条件に一致する人を含める: ❶

行動 > デジタルアクティビティ
中小企業のオーナー

🔍 利用者層、興味・関心、行動を追加 　　　　おすすめ 参照

💡 Advantage詳細ターゲット設定が適用されているため、パフォーマンスの向上が
期待できる場合は、オーディエンスに含まれない人にも広告を配信することがあ
ります。詳しくはこちら

除外の条件を追加　　さらに細かく定義

言語
日本語 　　　　　　　　　　　　　　　　　　　✕
日本語（関西弁） 　　　　　　　　　　　　　　✕
🔍 言語を検索

このオーディエンスを保存

15
言語を「日本語」「日本
語関西弁」で設定

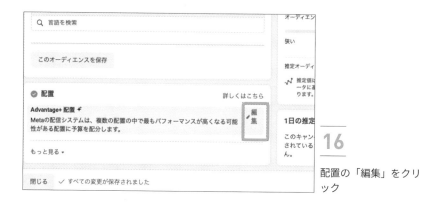

16

配置の「編集」をクリック

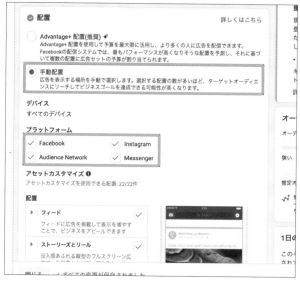

17

Advantage+配置（推奨）か手動配置を選択。何もこだわりがなければ推奨で良いが、Facebook・Instagramに配信する場合は手動配置で選択する

18

広告に移動して、広告の名前を変更

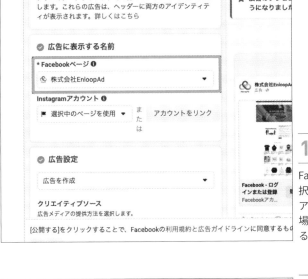

19

Facebookページを選択する。Instagramのアカウントを連携した場合、こちらも選択する

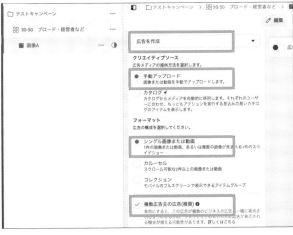

20

「広告を作成」を選択し、「手動アップロード」を選択、「シングル画像または動画」を選択。「複数広告主の広告」はチェックを外しても外さなくてもどちらでも良いが、埋もれてしまう印象もあるため、物販ではない商品を出稿する場合はチェックを外してしまって良い

21

「メディアを追加」をク
リックして「画像」を
選択

22 「アップロード」をクリックして画像を選択

23 25.9：16と1.91：1は「元の比率」を選択。

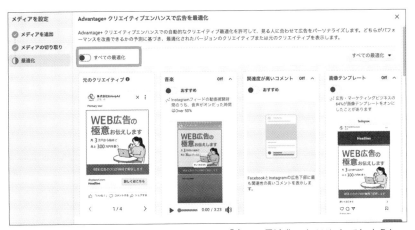

Advantage+ クリエイティブエンハンスは「全ての最適化」をONにしてしまうと、
文章がランダムに表示されてしまったり、画像のサイズが勝手に変換されたりする
ため、一旦全ての最適化をOFFにする

25

必要だと考えるものだけONにする。筆者は「関連度が高いコメ
ント」「画像フィルター」のみONにしている

26

メインテキストと見出しは必須で入力。説明は表示されない配置が多いため、なく
ても問題なし。必ずプレビューをみながら入力

CHAPTER-6 Meta広告に出稿する広告の制作と編集

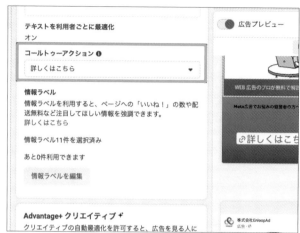

27

コールトゥーアクションは、初期設定で「詳しくはこちら」になっているので、自分の商材や画像・文章に合わせて変更する。迷うようなら「詳しくはこちら」で設定しておく

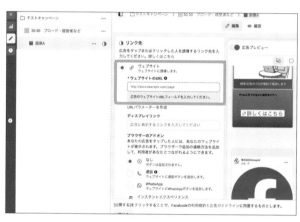

28

ウェブサイトのURLにLPやHPといった広告にリンクしたいサイトのURLを入力

29 全ての入力が完了したら、右下の「公開する」をクリック

30 一度画面を閉じてから、右上の「確認して公開」でも公開可能

　キャンペーン・広告セット・広告の設定は、全て関連しています。ターゲット設定に合わせて、適切な広告クリエイティブを用意する必要があります。また、広告クリエイティブの内容によって、配信の最適化は変わってくるので、ターゲットに届けたい想いをキャンペーン設定で表現しましょう。またキャンペーン構築の注意点としては、先に全ての準備を終わらせてからでないと構築できないという点です。広告アカウントの作成・Facebookページの作成、連携・支払い情報の登録・ビジネス設定の整備・Metaピクセルの準備、設定など、全ての

構築を終わらせてからキャンペーンの構築を行いましょう。また、キャンペーンを作成・出稿してから1営業日程でMeta広告の利用規約に基づいた審査が入ります。すぐに出稿されないことも覚えておいて下さい。準備の段階で規約に反することがあると、この初回審査NGになることも多々ありますので注意が必要です。

　広告審査の階層では、できれば1：1の1080×1080のサイズが推奨ですが、9：16の1080×1920を作成しておくと、一つの広告の中で別のサイズ展開を設定することが可能です。フィード投稿の配置では正方形で、ストーリーズやリール動画の配置では縦長で出稿されるのが媒体も推奨している方法です。画像を作成する場合、余力があれば正方形を縦長の長方形にサイズ変換して準備しておくと良いです。
　審査を通過すると出稿がスタートします。出稿してからが広告運用の重要なポイントになります。広告の運用を通じて、常にデータを分析し、改善を重ねていくことが大切です。A/Bテストを積極的に活用し、より効果的な設定を探っていくことをおすすめします。

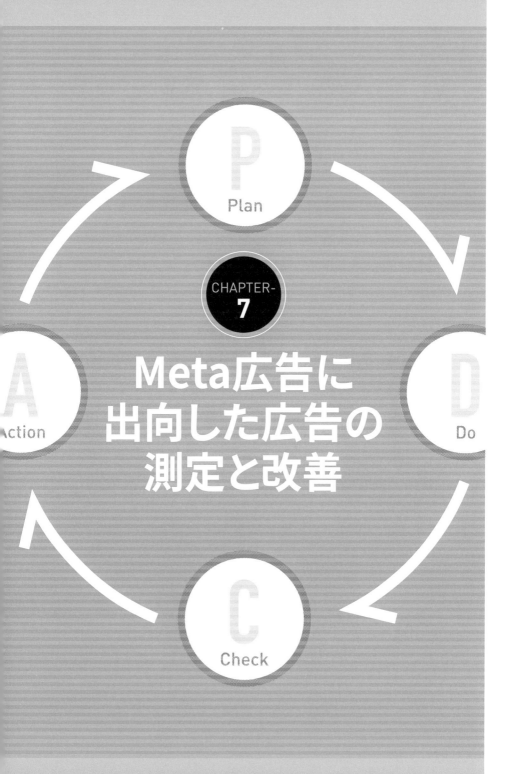

P
Plan

A
Action

CHAPTER-
7

D
Do

C
Check

Meta広告に
出向した広告の
測定と改善

7 予算に応じて分析を行う

SECTION
01
Meta広告は予算に応じた分析を行うことが重要です。こ
こでは、予算に合った分析を解説します。

予算別で見る広告運用の分析方法

広告運用の予算規模によって、分析のアプローチは異なります。予算に応じた分析方法を理解し、適切に実践することが重要です。

■ 予算が月100万円以上ある場合

広告運用に十分な予算が確保できている場合は、様々な広告設定を試すことができます。例えば、複数の広告セットを作成し、ターゲット設定や配信設定を変えながら、パフォーマンスを比較することができます。例えば広告セットでの場合、

- 1.リストリタゲ
- 2.詳細ターゲット
- 3.ブロード配信（ノンターゲット）
- 4.Adv+

といったような形で違うターゲット属性でどの属性からのCVが獲得できるかのテストが重要になります。

広告セットのテスト方法

オフ/オン	広告セット	▽
◯	35-65+_CVイベント類3%	
◯	35-65+_Adv+	
◯	35-65+_類似リスト3%	
◯	35-65+_興味関心(建築・建設&オーナー系)	

　例えば詳細ターゲットを複数作成して、経営者のみ、会社員のみ、などの細かいテストをしても良いかもしれません。または男性と女性で分けても良いかもしれません。こういった形でA/Bテストをしようと思うと無限大にテストが可能です。

　広告セットでAIの機械学習は進みます。Meta社が月50CV達成することがAIの最適化に必要だと発表していますが、広告セット1本ずつに月50CVの達成が必要になります。なので、あまり広げすぎても管理が大変になるので注意が必要です。

　また、広告クリエイティブのバリエーションを増やし、A/Bテストを積極的に実施することで、最も効果的な広告の組み合わせを見つけることができるでしょう。

　大規模予算の場合は、幅広いデータ収集が可能です。様々な条件下での広告の反応を詳細に分析し、ターゲットの特性や行動パターンを深く理解することができます。これらの知見は、将来の広告戦略の立案に役立つはずです。ただし、大規模予算だからといって無計画に広告を配信してはいけません。あくまでも、広告の目的や成果指標（KPI）に基づいた分析が必要です。データを定期的にチェックし、効果の高い広告設定に予算を集中させることが重要です。

　広告運用の予算が中程度の場合は、ある程度の試行錯誤は可能ですが、慎重に設定を変更していく必要があります。限られた予算の中で、最大の成果を上げるためには、データに基づいた意思決定が不可欠です。

　中規模予算の場合、広告セットや広告クリエイティブのバリエーションは限定的になります。そのため、重点的に検証すべき要素を絞り込み、集中的にテストを実施することが重要です。例えば、広告セットのターゲットの設定に注力し、最も効果の高いターゲット設定を特定することから始めるのも一つの方法です。大規模予算の時と違い、例えば、

- **1.リストリタゲ**
- **2.詳細ターゲット**

のみで運用して数値の良い方、ユーザーの質が良い方を残していきます。

　また、中規模予算では、広告の運用期間も考慮する必要があります。短期間で結果を出すのか、長期的な運用を目指すのかによって、分析のポイントは変わってきます。素材だけテストするのか？　訴求テストもテストするのか？　何枚でテストするのが一番よいのか？　運用期間に合わせて、適切なデータ分析の頻度やスケジュールを設定しましょう。

■ 予算が月10万円前後の場合

　広告運用の予算が限られている場合は、分析に使えるデータ量も限定的になります。そのため、慎重に広告設定を行い、少ないデータからでも有意義な示唆を得ることが重要です。

小規模予算では、広告セットや広告クリエイティブのバリエーションは最小限に抑える必要があります。その代わりに、ターゲットオーディエンスや配信設定など、重要な要素に焦点を絞ってテストを実施しましょう。例えば、過去の広告データから最も成果の高かったターゲット設定を抽出し、そのターゲット設定に特化した広告を配信するのも一つの方法です。例えば、

- リストリタゲのみ
- ブロード配信のみ

の配信を行うのも1つの手かもしれません。

　また、小規模予算では、広告の運用期間も短くなりがちです。そのため、短期間でも有意義な分析ができるよう、データの見方を工夫する必要があります。週次や日次の細かい変化にも注目し、広告の最適化につなげることが重要です。

　予算規模に応じた広告の分析を行うためには、広告の目的や成果指標を明確に設定することが大前提です。その上で、予算に合わせてデータ分析の方法を調整し、限られたリソースの中で最大の成果を目指すことが求められます。

適切に予算を消化できているのかチェックしていく

　広告運用では、設定した予算を適切に消化していくことが重要です。予算を使い切れなければ、広告の機会損失につながりますし、逆に予算オーバーしてしまうと、キャンペーンが途中で停止してしまう可能性があります。そのため、予算の消化状況を定期的にチェックし、必要に応じて調整を行う必要があります。

■ 予算の消化ペースを確認する

　広告キャンペーンの進行中は、予算の消化ペースを定期的に確認しましょう。Meta広告の管理画面では、キャンペーンや広告セットごとの予算消化状況を確認することができます。1日の予算に対して、実際の広告費がどのくらい使われているかを把握することが重要です。

　予算の消化ペースが遅い場合は、広告の配信設定を見直す必要があります。例えば、広告の文章や画像、LPなどで品質が低いと思われてしまい、入札に負けてしまったり、ターゲット設定のユーザーの配信ボリュームが狭すぎたりすると、十分な広告配信が行われない可能性があります。逆に、予算の消化ペースが速すぎる場合は、日予算を下げたりして調整することで、適切な予算消化を行うことができます。

■ 広告の成果を確認する

　予算の消化状況だけでなく、広告の成果も合わせて確認することが重要です。広告の目的に応じて、リーチ数、クリック数、コンバージョン数などの指標を定期的にチェックしましょう。

　広告の成果が芳しくない場合は、予算を消化するだけでなく、広告設定の見直しが必要です。ターゲット設定や広告クリエイティブである画像や動画を変更するなど、改善策を講じることが求められます。一方、広告の成果が良好な場合は、予算を増やすことで、さらなる成果を目指すことができるかもしれません。

■ 予算の調整を行う

　予算の消化状況や広告の成果を踏まえて、必要に応じて予算の調整を行いましょう。Meta広告では、キャンペーンや広告セットの予算を途中で変更することができます。

　例えば、予算の消化ペースが遅く広告の成果も芳しくない場合は、予算を減らすことで、無駄な広告費の支出を防ぐことができます。逆

に、予算の消化ペースが速く、広告の成果も良好な場合は、予算を増やすことで、さらなる成果を狙うことができるでしょう。

　ただし、予算の調整は慎重に行う必要があります。急激な変更は広告の配信に影響を与える可能性があるため、徐々に調整していくことが賢明です。例えば、一気に2倍以上の予算変更を行うと、AIの機械学習にバグが起こりやすくなります。

　予算の消化状況をチェックし、適切に調整していくことは、効果的な広告運用に欠かせません。予算と広告の成果のバランスを取りながら、最適な広告配信を目指すことが重要です。

　また、予算の消化状況は、キャンペーンの途中経過を評価する上でも重要な指標となります。予算消化のペースと広告の成果を照らし合わせることで、キャンペーンの進捗状況を総合的に判断することができます。

　Meta広告の予算管理には、ある程度経験とスキルが必要です。広告の配信状況を常にモニタリングし、データを分析しながら、臨機応変に予算を調整していく力が求められます。また、予算の制約の中で、いかに効果的な広告運用を実現するかが、広告運用担当者の腕の見せ所でもあります。

　予算に応じた分析と、適切な予算管理は、Meta広告の運用において欠かせない要素です。限られたリソースの中で、最大の広告効果を引き出すために、データを活用した分析と意思決定が重要になります。広告運用担当者には、予算管理のスキルだけでなく、データを読み解く力や、ユーザー心理を捉える感性も求められます。数字の裏側にある、ユーザーの行動や心理を理解することで、より効果的な広告運用が可能になるはずです。

7 本当に見るべき広告項目

SECTION
02 Meta広告で見るべき単位などは限定されています。本当に重要な単位や数値をしっかりと分析し、的確に対応できるようにしていきましょう。

Meta広告で見るべき単位とは

　Meta広告で見るべき単位は、広告の目的や課題によって異なります。しかし、どのような広告運用においても、共通して重要視すべき指標があります。以下は、Meta広告で特に注目すべき単位の一覧です。前提として、広告マネージャーで数値を確認する時の列のプリセットは「パフォーマンスとクリック数」でチェックすれば、基本ベースは全て抑えることができます。慣れてきたら自分で確認したい項目をカスタマイズして下さい。

広告マネージャーの列プリセット

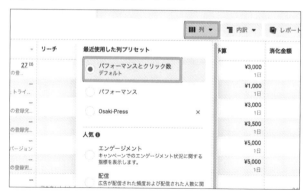

■ インプレッション（リーチ数）

　インプレッション数は、広告が表示された回数を示す指標です。リーチ数とも呼ばれ、広告がどれだけのユーザーに届いたかを表します。

　インプレッション数が多いほど、広告の認知度向上に寄与します。ただし、インプレッション数だけを追い求めると、広告の質が低下する恐れがあるため、他の指標とのバランスを考えることが大切です。

■ コンバージョン数（コンバージョン率）

　コンバージョン数は、広告経由で獲得した成果（購入、申込み、登録など）の数を示す指標です。管理画面上では「結果」という項目で確認することが可能です。コンバージョン率は、クリック数に対するコンバージョン数の割合を表します。コンバージョン数やコンバージョン率は、広告の最終的な目的達成度を示す重要な指標です。これらの数値を高めることが、広告運用の最優先課題と言えるでしょう。

コンバージョン数

■ CTR（Click Through Rate）

　Meta広告の場合、CTR（リンククリックスルー率）という単位の方をチェックするのが良いです。合計インプレッション数に対し、リン

クリックがあったインプレッションの割合です。どれくらいの割合で画像や動画をクリックしてもらったのか？の指標になります。

■ CPC（Cost Per Click）

CPCは、広告費をクリック数で割ることで算出されます。Meta広告の場合、ほとんどがインプレッション単価制の場合が多いため、CPCは参考値として見ることが多いですが、CPCの値が低ければ費用対効果の高い広告運用が可能だという認識です。

■ CPM（Cost Per Mille）

Meta広告ではインプレッション単価制が非常に多いため、必ず抑えておきたい用語です。CPMの値が高ければ表示回数が少なくて、CPMの値が低ければ表示回数が多いということになるので、より多くのユーザーに認知・購入してもらえることになります。ただし、CPMの値が低すぎる場合、広告の質が低下し、ユーザーに見向きもされない可能性があります。適切なCPMを設定し、広告の質と量のバランスを取ることが求められます。

■ CPA（Cost Per Action）

CPAは一つの基準値ですが、最も重要な指針でもあります。CPAの値が低ければ、より費用対効果の高い広告運用が可能です。特に、商品販売やサービス利用の促進を目的とする広告では、CPAが重要な指標となります。例えば、メールアドレスやLINE登録1件500円で獲得できている場合、すごく費用対効果が高い状態で広告を運用できている、というような認識になります。ターゲット設定と全くあっていないリストが集まってしまうと困ってしまうため、ただ安ければ良いということではないのですが、広告が最適化できているという意味ではプラスであることは間違いないです。

■ CVR（Conversion Rate）

ウェブサイトの良し悪しを測るために用いることが多く、CVRの値が高ければ高いほど、Webサイトを離脱せずに登録に至っていると判断することが可能です。Meta広告の数値をチェックしつつ、WebサイトであるLPのCVRをチェックすることで、両方の数値を最適化し、効率よく目的を達成することが可能です。

■ Meta広告の品質スコアランキング

Meta広告の品質スコアを構成する重要な要素です。品質スコアが高ければ、同じ広告費でより多くの広告が表示されたり、より良い広告枠を獲得したりできます。

そのため、これらのランキングを高めることが、効果的なMeta広告運用のカギとなります。広告の内容を工夫したり、ターゲットオーディエンスを適切に設定したりすることで、ランキングの向上を目指しましょう。

■ 品質ランキング

品質ランキングは、あなたの広告の質が同じオークションに参加している他の広告と比べてどのくらい良いかを示すランキングです。簡単に言うと、品質ランキングが高ければ、あなたの広告は他の広告よりも「良い広告」だと評価されているということです。品質ランキングが高い広告は、ユーザーに興味を持ってもらいやすく、クリックされる可能性が高くなります。その結果、広告の効果が上がり、広告費用の無駄を減らすことができます。

■ エンゲージメント率ランキング

エンゲージメント率ランキングは、あなたの広告がユーザーにどのくらい興味を持ってもらえているかを、同じオークションに参加して

いる他の広告と比べて示すランキングです。簡単に言うと、エンゲージメント率ランキングが高ければ、あなたの広告はユーザーに「面白い」「役に立つ」と感じてもらえていることを意味します。エンゲージメント率が高い広告は、ユーザーが「いいね！」を押したり、コメントを残したり、シェアしたりする可能性が高くなります。その結果、広告の効果が上がり、ブランドの認知度も高まります。

■ コンバージョン率ランキング

コンバージョン率ランキングは、あなたの広告がユーザーを広告の目的（商品の購入、申込みの完了など）に導けているかを、同じオークションに参加している他の広告と比べて示すランキングです。簡単に言うと、コンバージョン率ランキングが高ければ、あなたの広告は他の広告よりも「目的を達成できている」ということです。コンバージョン率が高い広告は、ユーザーが広告主の望むアクション（商品の購入、申込みの完了など）を起こしやすくなります。その結果、広告の効果が上がり、売上や利益の増加につながります。

Meta広告のランキング

品質ランキングは、LPのサイトの品質も見ているため、サイトの読み込みスピードなども意識する必要がある

各項目の数値チェックをする際のポイント

Meta広告の各項目の数値をチェックする際は、以下のようなポイントに注目しましょう。

■ 時系列での変化を確認する

　広告の効果は、時間の経過とともに変化します。日々の数値の推移を確認し、傾向を把握することが重要です。特に、広告の開始直後や、設定を変更した後は、数値の変動に注意しましょう。急激な変化があった場合は、原因を探り、適切な対応を取ることが求められます。例えば、1週間前後でインプレッションが10,000を超えており、画像ABCそれぞれの消化金額が3,000円、4,000円、2,000円のようになった場合、その段階でCVは獲得できているのか？　CTRやCPCはどれくらいになっているのか？ということを常に確認する必要があります。

■ 目標値との比較を行う

　広告運用の目標値を設定している場合は、実際の数値との比較を行いましょう。目標に対して、現状の数値がどの程度達成されているかを確認することが重要です。目標を大きく下回っている場合は、広告の設定や内容を見直す必要があります。逆に、目標を上回っている場合は、さらなる効果を目指して、予算や設定を調整することも検討しましょう。例えば、限界CPAを3,000円に設定していたが、実はCPA2,000円で獲得できていたとすると、1,000円も効率よく獲得できているということになります。

■ 過去の実績との比較を行う

　現在の広告の数値を、過去の実績と比較することも大切です。過去の同じ時期や、類似の広告キャンペーンの数値を参考にすることで、現在の広告の効果を相対的に評価することができます。過去の実績を上回っている場合は、広告の改善が功を奏していると言えるでしょう。
　一方、過去の実績を下回っている場合は、何らかの問題があると考えられます。もちろん時流や時期にも左右されたりしますので、一概に完璧に比べることはできないのですが、それでも過去の実績を参考

にすることは重要です。

■ 広告の内容や設定との関連性を検討する

　広告の数値は、広告の内容や設定と密接に関連しています。数値の変化を見るだけでなく、その背景にある要因を探ることが大切です。例えば、CTRが低下した場合、広告の訴求力が弱いことが原因かもしれません。デザインが弱いのが原因かもしれません。CVRが伸び悩んでいる場合は、LPの改善が必要かもしれません。数値の変化と、広告の内容や設定との関連性を丁寧に分析することが求められます。

■ 異なる指標間の関連性を検討する

　広告の各指標は、互いに関連し合っています。例えば、CTRが高くても、CVRが低ければ、広告の最終的な評価はあまりよくありません。広告だけ良くクリックしてくれていても、登録という目標に届かないと意味が無いからです。逆に、CVRが高くても、クリック数が少なければ、獲得できる成果の総量は少ないでしょう。異なる指標間の関連性を理解し、バランスの取れた広告運用を目指すことが重要です。

　各項目の数値チェックには、継続性と細やかな注意が必要です。定期的にデータを確認し、変化の兆しをいち早く捉えることが重要です。また、数値の変化だけでなく、その背景にある要因を探ることが、広告の改善につながります。

　Meta広告の運用では、データに基づいた意思決定が求められます。本当に見るべき単位を理解し、各項目の数値を丁寧にチェックすることで、広告の効果を最大限に引き出すことができるでしょう。ただし、数値の分析だけでは、広告の改善に限界があります。ユーザーの行動や心理を理解し、広告の内容や訴求力を高めることも忘れてはいけません。

サイトの分析・改善も行う

7

Meta広告は広告の数値分析・改善だけではCVの数やCPAは良くなりません。LPやHPなどWebサイトの数値もチェックしましょう。

LPの数値計測も重要

　ランディングページ（LP）とは、広告をクリックしたユーザーが最初に訪れるWebページのことです。LPは、広告の効果を大きく左右する要素と言えます。いくら魅力的な広告を表示しても、LPが適切に設計されていなければ、ユーザーはすぐにページを離脱してしまうかもしれません。逆に、LPが優れていれば、広告の効果を最大限に引き出すことができるでしょう。

　LPの数値計測では、以下のような指標に注目することが大切です。

■ 離脱率

　離脱率は、LPを訪問したユーザーが離脱した割合を示します。離脱率が高いということは、LPの内容がユーザーのニーズに合っていないか、魅力的ではないことを意味します。離脱率を下げるためには、LPの情報や訴求を高める必要があります。

■ CVR

　CVRは、LPを訪問したユーザーのうち、最終的に目的のアクション（商品の購入、資料請求、会員登録など）を完了した割合を示します。CVRは、LPの目的達成度を測る上で最も重要な指標と言えます。CVRが低い場合は、LPの説得力や誘導力が不足していることが考えられます。

LPの分析には、ユーザーの行動を可視化するツールが役立ちます。ヒートマップやスクロールマップを使えば、ユーザーがLPのどの部分に注目し、どこで離脱しているかを把握することができます。これらの情報を基に、LPの設計や情報配置を最適化していくことが可能です。

オススメツールの紹介

LPやHPの分析・改善に役立つツールは数多くありますが、ここでは特にオススメのツールをいくつか紹介します。

■ Ptengine／株式会社Ptmind

完全な日本語対応で、日本人ユーザーにとって使いやすく、シンプルな画面なので初心者でも簡単に操作できます。ヒートマップ、セッション録画、フォーム分析など、LPの分析に必要な機能が一通り揃っています。30日間の無料トライアルがあり、気軽に試すことができるのもポイントが高いです。

■ ミエルカヒートマップ／株式会社Faber Company

日本発のツールで、日本語での使用に最適化されており、初心者にも扱いやすいツールです。こちらも無料プランがあり、中小規模のサイトなら無料で使えます。

■ Microsoft Clarity／日本マイクロソフト株式会社

Microsoftが提供する無料のツールで、コストをかけずに利用できる所と、録画など多彩な機能を持っていて、初心者から中級者、上級者にも向いているツールです。無料で利用できるので、気軽に試すことができます。

メールステップで
ユーザー情報取得

7

SECTION
04

広告から登録したユーザーがどんな方なのか？　を詳しく知り、自分がターゲットとしている方がちゃんと流入してきているのかをチェックしましょう。

広告とLPの数値より後の数値も重要

広告やLPの数値だけでなく、獲得した後のマーケティングの流れで、ユーザーの属性を把握することも重要なのです。

具体的にどのようにユーザーの属性を捉えればよいのかというと、メールやLINEステップのアンケートや個別相談、商談時の情報収集です。

ステップ配信とは、広告から獲得したユーザーに対して、一定の期間をおいて段階的にメールやLINEを送信する手法のことです。例えば、広告からLPに誘導し、資料請求や無料トライアルの申し込みを受け付けた後、数日おきにメールを送信していきます。

ステップ配信の中で、ユーザーの属性を把握するためのアンケートを実施するのが効果的です。アンケートに答えてもらうことで、ユーザーの属性を詳しく知ることができるのです。

アンケートを設計する際は、ユーザーの心理的負担にも配慮しましょう。質問数が多すぎたり、答えにくい質問があったりすると、回答率が下がってしまいます。

ですから、アンケートに答えてもらうための特典を用意するのも有効です。

その他にも、個別相談や商談の機会を設けて情報収集することが重要です。個別相談では、ユーザーの悩みや課題を直接聞き出し、適切なソリューションを提案することができます。

効率の良いABテストの方法

7

SECTION 05 Meta広告では画像や動画のABテストが最も重要です。予算に合わせたABテストの方法を解説します。

予算が少ない時のABテスト法

広告運用の予算が限られている場合でも、工夫次第で効果的なABテストを実施することは可能です。

■ テスト対象を絞り込む

予算が少ない場合は、テスト対象を絞り込むことが重要です。広告の中で最も重要な要素に焦点を当て、そこに注力してテストを行いましょう。例えば、画像のテストに的を絞るなら、ヘッドラインやテキストは同一にして、画像のみを変更するようにします。テスト要素を限定することで、より明確な結果を得ることができます。

■ 最小限の変更から始める

予算が限られている場合は、大幅な変更を加えたバージョンを多数用意するのは難しいでしょう。そこで、まずは最小限の変更から始めるのがおすすめです。例えば、画像のテストなら、背景色を変更するだけでも効果が期待できます。小さな変更でも、広告の印象は大きく変わるものです。

■ 既存の広告素材を活用する

既存の広告素材を活用してABテストを行うのも一つの方法です。過去に使用した画像や動画の中から、良いパフォーマンスを示したもの

を選び、それらを少しだけ変更を加えてテストを実施します。例えば
訴求文章に色を加えてみたり、後ろの素材だけ別のパターンに変えて
みたりする形です。

■ テスト期間を十分に取る

　予算が少ない場合、短期間でテストを終わらせたくなるかもしれま
せん。しかし、十分なデータを収集するには、ある程度の期間が必要
です。少なくとも1週間程度は、テストを継続するようにしましょう。
十分なデータがないと、正確な判断ができません。予算の範囲内で、
できる限りテスト期間を確保することが大切です。

予算が多い時のABテスト法

　広告運用の予算に余裕がある場合は、より大規模で本格的なABテス
トを実施することができます。

■ 多数のバリエーションを用意する

　画像や動画の種類を豊富に用意し、様々な組み合わせでテストを行
いましょう。例えば、画像のテストなら、モデルの種類、背景の種類、
テキストの有無など、多様なパターンを試すことができます。バリエ
ーションが豊富であれば、最適な組み合わせを見つけ出しやすくなり
ます。

■ 大胆な変更にも挑戦する

　大胆な変更を加えたバージョンにもチャレンジしてみましょう。例
えば、今までとは全く異なるコンセプトの画像を試してみるのも面白
いかもしれません。大きな変更は、時として予想外の効果をもたらす
ことがあります。ただし、ブランドイメージを損なわないよう、注意
も必要です。

■ プロのデザイナーに依頼する

　プロのデザイナーに広告クリエイティブの制作を依頼するのも一つの選択肢です。プロの手によるクオリティの高い画像や動画は、ユーザーの注目を集めやすく、高い広告効果が期待できます。外部リソースを活用することで、自社だけでは実現が難しいクリエイティブにもチャレンジできます。

■ 動画広告を取り入れる

　動画広告にもトライしてみましょう。例えば、ユーザーの属性や行動に応じて、表示される配置によって画像や動画が変化するため、動画広告も有効です。ユーザーにとってより関連性の高い広告を配信することで、高いエンゲージメントが期待できます。特にリール動画などの動きのある配置には、動画要素を取り入れた挑戦が必要です。

■ 長期的な視点でテストを継続する

　ABテストを長期的に継続することができます。1回のテストで満足するのではなく、継続的にテストを行い、広告の最適化を図っていくことが重要です。長期的なテストを通じて、ユーザーの反応の変化や、季節による影響なども把握することができます。継続的な改善の積み重ねが、広告効果の最大化につながります。

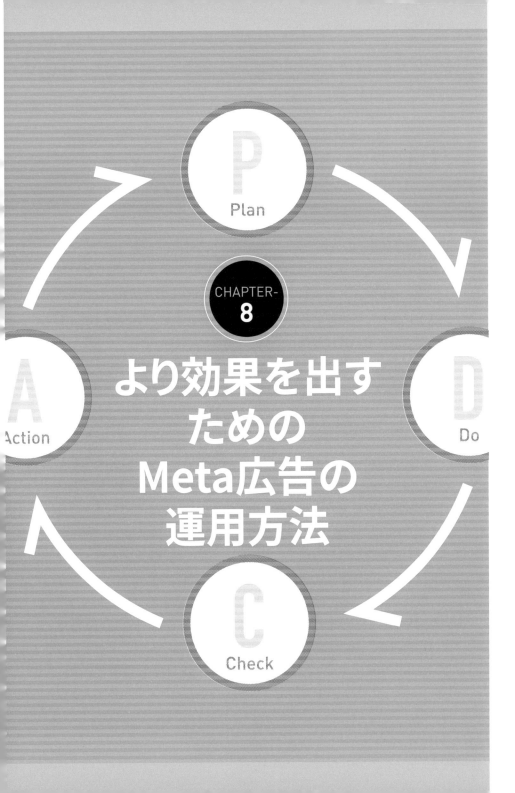

CHAPTER-
8

より効果を出す
ための
Meta広告の
運用方法

P
Plan

D
Do

C
Check

A
Action

より成果を出すための
運用の応用編

広告を出稿した後は柔軟な対応が必要です。良い結果が
出ていても、様々な手法を試していくことが重要です。

売上以外の目的を複数使いこなす

　Meta広告では、キャンペーンで売上の目的以外にも様々な広告目的を設定できます。これらの目的を適切に使い分けることで、ビジネスの状況に合わせた柔軟な広告運用が可能になります。PDCAサイクルを回しながら、継続的に改善していきましょう。

　主な広告目的とその活用法は以下の通りです。

■ トラフィック

　トラフィックは、ウェブサイトへの訪問者数を増やすことを目的とした広告です。ブランド認知度の向上や、潜在顧客の獲得に役立ちます。商品やサービスの認知度が低い場合や、新しいウェブサイトを立ち上げたばかりの場合などに効果的です。

　トラフィック広告を出稿する際は、ユーザーが興味を持ちそうなコンテンツを用意することが重要です。ブログ記事や動画コンテンツなど、ユーザーにとって価値のある情報を提供し、ウェブサイトへの誘導を図りましょう。また例えば、訴求テストだけで使うことも可能です。どの訴求に興味を持ってもらうことができるのか？　トラフィックでまずは簡単にテストして、クリック率の高い訴求を採用してLPに反映させてから売上のキャンペーンでCV計測を行うことが可能です。

216

■ エンゲージメント

エンゲージメントは、FacebookやInstagramでの投稿に対するユーザーの反応（いいね！、コメント、シェアなど）を増やすことを目的とした広告です。ブランドに対するユーザーの興味や関心を高め、ファン層の拡大につなげることができます。

エンゲージメント広告では、ユーザーの反応を引き出すような投稿内容が求められます。質問形式の投稿や、共感を呼ぶようなストーリー性のある投稿などが効果的です。あえて広告色を消した投稿のような広告を作成すると良いでしょう。また、ハッシュタグを活用してキャンペーンへの参加を促すのも一つの手法です。ユーザーが積極的に関わりたくなるような仕掛けを用意しましょう。

エンゲージメントキャンペーン

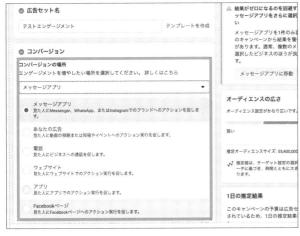

自分の目的に合った目的を選択

エンゲージメントキャンペーン

場所を選択すると、目標を選べるので選択

■ リード

　リードは、見込み客の獲得を目的とした広告です。商品やサービスに関心を持ってくれそうなユーザーの連絡先情報を収集することができます。新商品の発売前の予約獲得や、セミナーの参加者募集などに活用できます。こちらの目的はLPやHPといったWebサイトを準備しなくても出稿スタートできるのも魅力の一つです。

　リード広告では、ユーザーがメリットを感じられるオファーを用意することが大切です。無料の資料請求や、お得な割引クーポンの提供など、ユーザーにとって魅力的な特典を提示しましょう。また、フォームの入力項目は最小限に留め、ユーザーの心理的ハードルを下げることも重要です。

　これらの広告目的を、ビジネスの状況や商品・サービスの特性に合わせて使い分けることで、より効果的な広告運用が可能になります。特にオンライン集客で苦戦しやすいBtoBの商材を取り扱いの方は、総務部の担当者の方へのアンケートフォームとか、導入を検討している方へ導入時期はどれくらいで考えているのか？　などのアンケートフ

ォームを差し込むことで、商談リードタイムを短縮する効果もあると考えます。

リードキャンペーン

自分の好きな質問をユーザーに質問できる

ターゲット属性を複数使いこなす

　Meta広告では、広告セットのターゲット設定によって、広告の効果が大きく左右されます。ターゲット属性を適切に組み合わせることで、より高い広告効果を得ることができます。Meta広告のターゲティング機能のうち、特に有効な手法は、カスタムオーディエンスです。

　Meta広告のカスタムオーディエンスは、自社の独自の活用法を見出して、ターゲット設定を作成する機能です。具体的には次のような様々なタイプのカスタムオーディエンスが作成できます。

■ リストリターゲティング

　リストリターゲティングは、自社で保有する顧客リストを利用して、広告のターゲティングを行う手法です。メールアドレスや電話番号などの情報を元に、Facebookやインスタグラムのユーザーとマッチングさせ、広告を配信します。メールアドレス1つ手元にあれば、メールアドレスに近いユーザーに広告を配信してくれますので、非常に効果的です。特に、リストを精査している場合はもっと効果的で、商品を

一度でも購入したことがあるリスト、個別相談まできているリスト、などリストが別れているとユーザーの質も違ってきます。

　リストを集めて効果的なターゲット設定を行いつつ、商品を一度でも購入したことがある方に広告が出稿されてもあまり意味がない場合、購入者リストを除外設定することも可能です。こういった形でリストを持っているだけでMeta広告で効果の出やすいターゲット設定が可能になるということを覚えておきましょう。

■ Facebookページ

　自社のFacebookページにいいね！しているユーザーをターゲットにできます。既存のファン層にリーチするのに効果的です。

■ Instagramアカウント

　自社のInstagramアカウントをフォローしているユーザーをターゲットにできます。Instagramでの広告展開に役立ちます。

■ 動画を視聴した方

　自社の動画コンテンツを視聴したユーザーをターゲットにできます。動画広告の効果を高めるのに有効です。

■ Webサイトに訪問したことがあるユーザー

　自社のウェブサイトを訪問したユーザーをターゲットにできます。リマーケティング広告に活用できます。

　これらのカスタムオーディエンスを組み合わせることで、より精度の高いターゲティングが可能になります。例えば、Facebookページにいいね！していて、かつ自社のウェブサイトを訪問したことがあるユーザーをターゲットにするなど、複数の条件を組み合わせることで、高い関心を持っているユーザーにリーチできます。

■ 除外設定

　ターゲティングを行う際は、除外設定も重要な役割を果たします。除外設定とは、広告を表示したくないユーザー層を指定する機能です。例えば、既に商品を購入済みのユーザーを除外することで、無駄な広告費の発生を防ぐことができます。また、過去に広告に反応しなかったユーザーを除外することで、広告の効率を高めることも可能です。

　ターゲット属性の設定は、Meta広告運用の要となる部分です。リストリターゲティングやカスタムオーディエンスを効果的に活用し、さらに除外設定も適切に行うことで、広告のパフォーマンスを大きく改善することができます。ユーザーの行動や属性に基づいたきめ細かなターゲティングを行うことが、広告効果の最大化につながるのです。

■ 類似オーディエンス

　類似オーディエンスは、Meta広告のターゲティング機能の一つで、既存の顧客リストや、Facebookページへのいいね、ウェブサイト訪問者など、自社にとって価値の高いユーザーと似た特徴を持つ新しいユーザーを見つけ出す機能です。簡単に言うと、類似オーディエンスを使うことで、「自社の商品やサービスに関心を持ってくれそうな見込み客」を、Metaのデータを基に自動的に抽出することができるのです。

　類似オーディエンスを使うメリットは、自社にとって価値の高い見込み客を、Metaの膨大なユーザーデータの中から効率的に見つけ出せること、新規顧客の獲得に非常に有効な手法です。

　また、類似オーディエンスは、元となるソースオーディエンスのサイズが小さくても作成可能。少数の優良顧客からスタートして、徐々に類似オーディエンスを拡大していくことができます。カスタムオーディエンスで作成したオーディエンスを基に類似オーディエンスが作成できるので、リストに近いユーザーに配信などができるということ

です。

　ここからは、カスタムオーディエンスの作成・類似オーディエンスの作成・キャンペーンでの設定方法を解説します。

01
広告マネージャーの画面で「オーディエンス」を選択

02
「オーディエンスを作成」をクリックし、「カスタムオーディエンス」を選択

Choose a custom audience source
あなたのビジネスや商品に興味を示した人とつながろう。 ✕

自分のソース

- ⊕ ウェブサイト
- ⊠ カスタマーリスト
- ▯ アプリアクティビティ
- ▤ オフラインアクティビティ
- ▦ カタログ

Metaのソース

- ▷ 動画
- ⊚ Instagramアカウント
- ≡ リード獲得フォーム
- ◇ イベント
- ⚡ インスタントエクスペリエンス
- ▦ Facebookページ
- ☒ ショッピング
- ▦ Facebook上の出品
- ⅏ AR

? キャンセル 次へ

03

該当の目的を選択して進めていく

オーディエンス

オーディエンスを作成 ▾

- ▦ カスタムオーディエンス IDで探
- ▦ 類似オーディエンス
- ▢ 保存済みのオーディエンス ン ❶

Filter

Status ⌄
Type ⌄
Availability ⌄
Source ⌄

?
⚙❶
⚙
△

名前

- 類似オーディエンス (JP, 3%) · 240320登録完了イベント180日
- 240320登録完了イベント180日
- 類似オーディエンス (JP, 3%) - Book1.csv
- Book1.csv
- マーケティング
- FB広告集客_趣味が海外_02/24
- FB広告集客_子供_02/13
- FB広告集客_収入縛り_02/09
- FB広告集客_収入縛り

04

カスタムオーディエンスを作成したら、元の画面でもう一度「オーディエンスを作成」をクリックし、「類似オーディエンス」を選択

類似オーディエンスを作成

類似オーディエンスのソースを選択してください

既存のオーディエンスまたはデータソースを選択してください

バリューベースのソース　**その他のソース**

● Book1.csv　　　　　　　　　　　　　カスタムオー

05

ソースを選択で作成した「カスタムオーディエンス」を選択

8

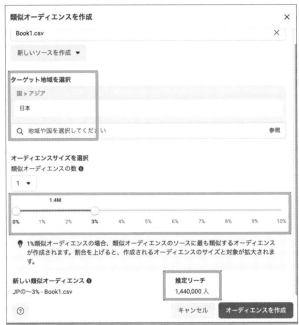

「地域」を選択。オーディエンス作成の数を1で設定。何%か設定する※1%が濃くてボリュームサイズが小さく、2%〜10%はそれ以降薄くなっていき、ボリュームは大きくなる。マーケティングの目的によって%の数値は設定し、オーディエンスを作成

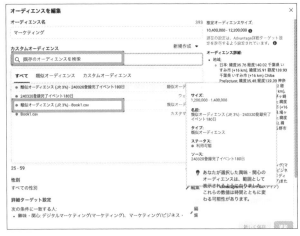

キャンペーンの広告セットのカスタムオーディエンスで検索。該当の類似オーディエンスを選択

08

除外の方でオーディエンスを検索し、リストを選択

09

広告セットで反映されていれば設定完了

　広告の効果を定期的に検証し、より良い結果が得られるようにキャンペーンを最適化していきましょう。一つのやり方に固執せず、柔軟に組み合わせてテストしてみましょう。すぐに結果が出なかったとしても、諦めずに様々な設定をどんどん試してみることが大切です。

予算に応じた
キャンペーン構築方法

広告予算が限られている場合は、キャンペーンや広告セットを絞り込み、効率的な運用を心がける必要があります。

予算に応じたキャンペーン構築法とは

　予算に応じたキャンペーン構築とは、広告予算の規模に合わせて、キャンペーンや広告セットの設定を最適化することを指します。具体的には、以下のような手法が挙げられます。

■ 低予算の場合のキャンペーン構築法

　広告予算が限られている場合は、キャンペーンと広告セットを絞り込み、集中的に運用することが重要です。結論としては広告予算が大体月20万円いかないくらいの場合、キャンペーン1つ、広告セット1つ、広告の画像動画を合計3本くらいにしましょう。最も重要な広告目的に注力することが大事だということです。

キャンペーン構築

📁 インハウス支援2　　　　　　　・・・

　　🔡 30-60_コーチング　　　　　・・・

　　　　□ 画1　　　　　　　　　　・・・

　　　　□ 動1　　　　　　　　　　・・・　最低でも画像動画は3
　　　　　　　　　　　　　　　　　　　　つまでだと管理しやす
　　　　□ 画2　　　　　　　　　　・・・　い

この設定の場合、ターゲット設定も厳選する必要があります。コアターゲット（最も見込みの高い顧客層）に狙いを定め、限られた予算で確実にリーチするようにしましょう。ターゲティングの条件を絞り込むことで、広告の関連性を高め、コストを抑えることができます。

　クリエイティブである広告の文言や画像なども、低予算の場合は「質」を重視します。少ない広告表示回数で高い成果を上げるには、ユーザーの心を掴むようなインパクトのある広告が必要不可欠です。広告文言は簡潔かつ明確に、画像は視覚的に訴求力の高いものを選ぶようにしましょう。ただ、3つ作成したから終わりではありません。

■ 高予算の場合のキャンペーン構築法

　広告予算に余裕がある場合は、複数のキャンペーンと広告セットを作成してアプローチすることができます。予算を分散させることで、様々な角度から潜在顧客にリーチし、ビジネスの成長を加速させることが可能です。

　高予算の場合は、ターゲット設定も、関連性の高い様々な層に広げてみましょう。潜在的なユーザーから顕在的なユーザー層にリーチできます。詳細ターゲット、リストリターゲティング、などの幅広い設定を活用し、商品やサービスに関心を持ちそうなユーザーを幅広く取り込むことも効果的です。

　クリエイティブは、高予算の場合は「量」も重視します。様々なパターンの広告を用意し、A/Bテストを実施することで、より高い成果を生み出す広告を見つけ出すことができるでしょう。動画広告といった広告フォーマットにも挑戦してみる価値があります。

　高予算の場合は、広告運用の最適化に注力することが重要です。大量のデータを分析し、効果の高い広告セットにさらに予算を配分する、といった戦略的な運用が求められます。

キャンペーン構築

■ 【エンループアド】

  ⬚ 35-65+_CVイベント類3% •••

    ⬚ (0321)受領動1 •••

    ⬚ (0328)動1 •••

    ⬚ (0404)画3 •••

    ⬚ (0404)画1 •••

    ⬚ (0404)画2 •••

    ⬚ (0328)動2 •••

    ⬚ (0328)画2 •••

    ⬚ (0328)画1 •••

    ⬚ 画2 •••

    ⬚ 画3 •••

    ⬚ 画1 •••

    ⬚ (0321)受領動2 •••

    ⬚ (0321)受領動3-PR用 •••

  ⬚ 35-65+_Adv+ •••

    ⬚ (0321)受領動1 •••

    ⬚ (0328)動2 •••

    ⬚ (0321)受領動2 •••

    ⬚ (0404)画3 •••

    ⬚ (0404)画1 •••

    ⬚ (0404)画2 •••

広告セットで設定する
ターゲット属性を複数
属性で運用していく

各配置に合わせた画像サイズの展開

Meta広告は予算に応じた分析を行うことが重要です。ここでは、予算に合った分析を解説します。

画像サイズは広告1つに必ず網羅的に出せるように準備する

Meta広告の強みの一つは、この画像サイズの柔軟なカスタマイズ機能にあります。ここでは、配置ごとの最適な画像サイズと、それらを効果的に活用する方法について詳しく解説します。

Meta広告では、1つの広告の中で複数の配置を選択することができます。例えば、フィードとストーリーズ、リール、Messengerなど、様々な配置を組み合わせて広告を配信することが可能です。このとき、それぞれの配置に最適化された画像を用意しておくことが重要です。

代表的な配置の画像サイズなどをまとめてみました。

■ 代表的な配置ごとの最適な画像サイズ

まずは、主要な配置ごとの最適な画像サイズを把握しておきましょう。

- フィード（Facebook、Instagram）
- 画像の推奨サイズ：1080×1080ピクセル
- アスペクト比：1:1

- ストーリーズ（Facebook、Instagram）
- 画像の推奨サイズ：1080x1920ピクセル
- アスペクト比：9:16

- リール（Instagram）
- **画像の推奨サイズ：1080x1080ピクセル（正方形）、1080x1920 ピクセル（縦長）**
- **アスペクト比：1:1（正方形）、9:16（縦長）**

　これらのサイズはあくまでも推奨値ですが、できる限り最適なサイズの画像を用意することで、広告の視認性や訴求力を高めることができます。

■ 画像サイズの網羅的な準備

　1つの広告で複数の配置を選択する場合、それぞれの配置に最適化された画像を網羅的に用意しておくことが重要です。
　特にオススメなのは、画像を1：1で作成し、サイズ違いの9：16のサイズを作成します。Canvaなどで作業すると簡単にできるのでオススメです。そして管理画面上で、サイズごとに設定します。設定方法は次のとおりです。

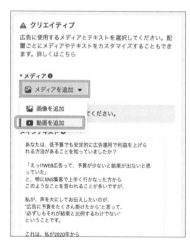

01

「メディアを追加」をクリックし、画像か動画を追加の選択。画像動画をサイズ1：1と9：16両方アップロードする

02 配置用の画面でサイズの変更をしたい配置の「変更」をクリック

03 該当のサイズを選択し、次へをクリック

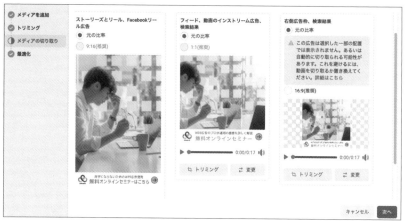

04　サイズが変更されていればOK

05

広告の画面の中央にある配置の「グループの編集ボタン」をクリック

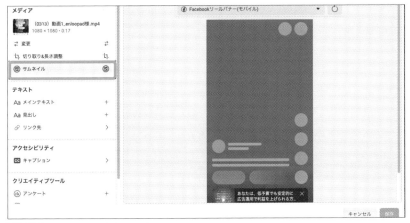

06 「サムネイル」をクリック

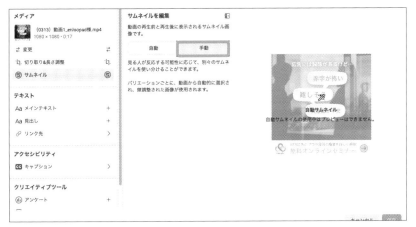

07 「手動」をクリック

08 サムネイルで表示させたいシーンを選択

　Meta広告ではこのような形で一つの広告の中で、配置にあったサイズで広告を出稿することが可能です。そしてこの方法をあまりやっていない広告を見受けますが、やることによってユーザーがより共感してもらいやすくなり、Meta広告の入札にも勝ちやすくなりますので、ぜひ実践してみましょう。

　注意点としては、動画を出稿する際に動画の場合Meta広告の特性上、ユーザーの画面では動画が再生されずに停止されている画面が表示されることがあります。ユーザーにとって見にくい広告になってしまうため、ユーザーにとってどのシーンがサムネイルで使われると良いのかを手動で設定に変更して自分で変更をする必要があります。

　余力があれば画像の配置の場合は1920×1080といった横長サイズを作成するのも良いかもしれません。ただ横長の配置は1：1でも十分綺麗に表示されるため、余力があれば準備するくらいでちょうど良いかもしれません。

■ 画像のバリエーションを用意する

　同じ配置でも、複数のバリエーションの画像を用意しておくことをおすすめします。異なる色合いや構図、テキストの組み合わせなど、いくつかのパターンを準備しておけば、A/Bテストを行って最も効果の高い画像を見つけ出すことができます。

■ 画像の品質を確保する

　画像のサイズを調整する際は、品質の低下に注意が必要です。特に、小さなサイズに縮小する場合は、画像が粗くなったり、テキストが読みづらくなったりすることがあります。画像編集ツールを使って、適切な解像度と品質を保つように調整しましょう。

■ 画像の表示をテストする

　実際の広告配置で画像がどのように表示されるかを、必ずテストすることが大切です。Meta広告の管理画面では、様々な配置でのプレビュー機能が用意されています。プレビュー機能を活用して、画像が意図した通りに表示されるかを確認し、必要に応じて修正を加えましょう。特に縦長のサイズ展開を行う際は注意が必要です。リール動画の配置では画像の中央に文字や素材を配置してしまうと、下の部分にCTAなどが表示されてしまうため、プレビューを見て配置を調整する必要があります。おすすめは、配置の編集に入ってからリールを選択すると、セーフゾーンを見ながらプレビューできますので、セーフゾーンを見ながら調整しましょう。

プレビュー機能での調整

セーフゾーンのガードレール機能で、各配置ではみ出してしまう部分など確認することが可能

プレビュー機能での調整

CTAは特にテロップが被らないように作成が必要

　このように、Meta広告では配置ごとに最適な画像サイズを網羅的に準備することが重要です。広告の目的や訴求ポイントを踏まえて、配置

に合わせたデザイン調整とバリエーション作成を行い、品質とテスト
にも気を配ることが、効果的な広告画像の制作につながります。

　ただし、画像の準備には時間と手間がかかるため、効率的に作業を
進める工夫も必要です。気軽に作成できるCanvaやAdobeExpressなど
の導入を行ったり、訴求文章を作成してくれる生成AIであるChatGPT
を使ったりと、制作フローを最適化することで、作業負荷を軽減する
ことができるでしょう。

　また、画像の制作は広告運用の一部であることを忘れてはいけませ
ん。画像の質は重要ですが、それ以上に大切なのは、広告の目的を達
成することです。画像の制作に過度に時間をかけるあまり、肝心の広
告運用が疎かにならないように注意しましょう。

　Meta広告では、画像や動画の制作と広告運用を両輪として、バラン
スよく取り組むことが求められます。配置に合わせた最適な画像サイ
ズを準備し、PDCAサイクルを回しながら運用を改善していく。この繰
り返しが、Meta広告での成果につながるのです。

　本書『PDCAを回して結果を出す！Meta広告集客・運用マニュアル』
を最後までお読みいただき、誠にありがとうございます。この本が、
皆様のビジネスにおけるマーケティング活動の一助となり、具体的な
成果を上げるための道しるべとなることを願っております。ここでは、
読者の皆様が本書を通じて得られたであろう知識とスキルを総括し、
これからの取り組みに向けたメッセージをお伝えしたいと思います。

　本書で紹介した内容は、Meta広告を効果的に運用するための基本的
な理論と実践的なテクニックです。しかし、マーケティングの世界は
常に変化しています。新しいツールやプラットフォーム、消費者の行
動パターンの変化に対応するためには、継続的な学習と実践が不可欠
です。

　まずは小さな規模から始めて、実際にMeta広告を運用してみてくだ
さい。広告の結果を細かく分析し、どのようなクリエイティブやター
ゲティングが効果的なのかを検証することが重要です。PDCAサイクル
を回しながら、常に改善を図る姿勢を持つことが、成功への鍵となり
ます。

　ここで、実際にMeta広告を活用して成功した事例をいくつか紹介し
ましょう。例えば、ある中小企業が限られた予算で広告キャンペーン
を実施し、ターゲティングを細かく設定することで、非常に高いコン
バージョン率を達成しました。彼らは、広告のクリエイティブをA/B
テストし、最も効果的なものを選び抜いた結果、わずか1ヶ月で広告
費50万円で1000万円の売上を作ることに成功しました。

　また、別の個人事業主の方では、リターゲティング広告を巧妙に活
用し、一度サイトを訪れたユーザーを再び引き込むことで、リードの
獲得数を劇的に増加させました。この方は、顧客の購買行動データを
細かく分析し、最適なタイミングでパーソナライズされた広告を配信
することで、効果を最大化しました。

2つの事例を見ていくと、Meta広告を成功させるためには一度の成功に満足せず、常に新しい挑戦を続けることが重要だというのがわかります。市場のトレンドや消費者の行動は常に変化しており、それに対応するためには柔軟な姿勢と創造力が求められます。例えば、新しい広告フォーマットやプラットフォームを試してみたり、異なるターゲティング方法を試行錯誤することも一つの方法です。

　また、成功している企業やマーケターの事例を参考にすることも大切です。彼らがどのような戦略を採用し、どのようにして成果を上げているのかを学ぶことで、自分の広告運用にも応用できるヒントが得られるからです。

　マーケティングの成功には、孤立して取り組むのではなく、他者との協力や情報共有が非常に有効なこともあります。業界のコミュニティや専門家と連携し、最新の情報やノウハウを共有することで、自分のスキルを高めることができます。また、セミナーやワークショップに参加することで、他のマーケターとのネットワークを広げることも重要です。実際に自分はそうして知見を広げてこれました。

　本書を通じて、私が経験してきたMeta広告の運用に関する基礎知識と実践的なスキルを習得していただけたことを嬉しく思います。しかし、ここで学んだことを活かして実際に成果を上げるためには、継続的な努力と改善が必要です。皆様が本書で学んだ知識を活用し、ビジネスの目標を達成するために、日々の実践を通じて成長し続けることを心より願っております。

　最後に、これまでのご愛読に感謝申し上げます。皆様のビジネスの成功を心からお祈り申し上げます。ありがとうございました。

著者紹介

西村 純志（にしむら あつし）

株式会社EnloopAd代表。
Web広告代理店、Web広告講座を運営。
Meta Business Partner認証代理店。
「喜びと感謝」を理念に、三方よしをWebマーケティングで体現。

・月数万円でリスト100件超獲得する運用多数
・広告費400万円で売上6,000万円の広告実績
・1ヶ月の広告費20万円で月売上2,000万円の広告貢献実績
・多数のお客様でCV数200％向上、CPA40％削減

大手企業から個人起業家まで計300社以上の広告を担当。
複数のスクールやコミュニティで講師を務めている。

編集協力●山田稔、西田かおり

PDCAを回して結果を出す！
Meta広告集客・運用マニュアル

2024年6月26日　初版第一刷発行

著　者	西村 純志
発行者	宮下 晴樹
発　行	つた書房株式会社
	〒101-0025　東京都千代田区神田佐久間町3-21-5　ヒガシカンダビル3F
	TEL. 03（6868）4254
発　売	株式会社三省堂書店/創英社
	〒101-0051　東京都千代田区神田神保町1-1
	TEL. 03（3291）2295
印刷／製本	シナノ印刷株式会社

©Atsushi Nishimura 2024,Printed in Japan
ISBN978-4-905084-78-5